建设项目的标准化管控

王江容　著
赵保江　审校

东南大学出版社
SOUTHEAST UNIVERSITY PRESS
·南京·

图书在版编目(CIP)数据

建设项目的标准化管控 / 王江容著. —南京：东
南大学出版社，2018.10
　ISBN 978-7-5641-8017-1

　Ⅰ.①建… Ⅱ.①王… Ⅲ.①基本建设项目-标准化
管理-研究 Ⅳ.①F282

中国版本图书馆 CIP 数据核字(2018)第 222380 号

书　　名:建设项目的标准化管控

著　　者:王江容
责任编辑:陈　淑
编辑邮箱:535407650@qq.com

出版发行:东南大学出版社
出 版 人:江建中
社　　址:南京市四牌楼 2 号(210096)
网　　址:http://www.seupress.com

印　　刷:南京玉河印刷厂
开　　本:700 mm×1 000 mm　1/16　印张:12.25　字数:250 千字
版 印 次:2018 年 10 月第 1 版　　2018 年 10 月第 1 次印刷
书　　号:ISBN 978-7-5641-8017-1
定　　价:56.00 元

经　　销:全国各地新华书店
发行热线:025-83790519　83791830

本社图书若有印装质量问题,请直接与营销部联系。电话(传真):025-83791830

内 容 提 要

随着我国经济发展水平快速增长、建筑业规模持续扩大、市场经济的逐步完善,为适应建设复杂工程项目的管理需要,也为提高企业的竞争力,房地产开发企业急需建立一套科学的、规范的项目管理工作流程,以适应企业的快速扩张和发展。

当前,我国工程项目管理工作中仍存在许多问题,无论企业规模大小,只要生活在组织中,我们就会经常听到以下类似的声音:

● 项目的工作得不到职能部门的支持,协同工作怎么那么困难?

● 审批环节怎么那么多,谁对时间效率负责?

● 为什么客户总是投诉?

● 为什么我们的成本控制总是高于竞争对手?

● 为什么我们的质量问题层出不穷?

● 同样的设计缺陷,为什么每个项目都会重复发生?

● 项目实施中获得的各类信息指标,如资源、费用、进度、质量/安全环保的影响因素、施工工艺、材料/设备的市场信息、管理经验等,缺乏有效的、持续的积累。

针对上述问题,在对优秀企业的管理模式进行研究之后可以发现,它们能够实现管理效率的提升、资源利用的最优化、价值获取的最大化,不仅仅是制定了明确的企业战略,更是因为在企业运行过程中运用了项目管理标准化这一科学手段。

为此,本书借鉴国外的先进管理理论,结合我国现有建设项目的实际操作特点和实践经验,以商业综合体项目(指涵盖商务写字楼、公寓、餐饮、休闲、酒店的大型综合体)作为范例,从项目开发全寿命周期的角度,结合作者多年从事项目管理的有益工作体会,对企业如何开展标准化项目管理进行初步探讨。

本书的主要目的是面向投资方、项目业主、项目管理团队以及项目参与各方,提供一种标准化项目管理与协作的策略性建议、工作流程和实施方法,旨在促使企业实现由职能导向型思维向流程导向型思维的根本转变。需要指出的是,书中所提供的流程、图表仅作为参考,使用者应该在实践中进行修正、完善以适合具体企业和项目的特点及要求。

目　录

第1章 标准化概述

自从有了人类,就开始了认识自然界和改造自然界的伟大斗争,就开始了知识的积累和深化。今天,我们所从事的生产建设和科学实验活动的规模是任何古人都望尘莫及的。

为了使人类的经济技术活动遵循着共同的准则,为了把整个社会的各个生产环节的动作协调起来,为了把人们创造的成功经验加以积累和推广,为了使复杂的管理工作系统化、规范化、简单化,一门新的学科——标准化发展起来了。

标准化被当作科学管理的有效手段,在一个国家乃至全世界范围内建立相应的机构,有组织、有计划地开展工作,是近几十年的事。标准化作为一门学科来研究,可以说才刚开始不久,它是一门很年轻又很有发展前途的学科。

1.1 标准化发展简史

标准化活动是人类生产实践的一部分,它的历史同人类社会生产发展的历史一样久远,记载着人类征服自然的足迹。标准化在它漫长的发展历程中,大体经历了古代标准化、近代标准化和现代标准化三个阶段。

1.1.1 古代标准化

标准化是人类由自然人进入社会共同体生活的必然产物,它随着生产的发展、科技的进步和生活质量的提高而发生、发展,同时又为生产力的进一步发展创造条件。

虽然古代标准化是一种无意识的行为,但共同的语言、文字、历法、生产工具是人类社会发展和进步最基本和初级的需求,这些都是最早出现的具有标准化特征的事物,而且多是以实物标准的形态呈现的。我国最早发明和使用的象形文字,距今已有 6 000 多年的历史,是世界上最早的标准化文字。

从第一次人类社会的农业、畜牧业分工中,由于物资交换的需要,要求公平交换、等价交换的原则,决定了度、量、衡单位和器具标准的统一,人类逐步完成了从用人体的特定部位或自然物作为衡量尺度到使用标准化器物作为衡量尺度的转变。

当人类社会第二次产业大分工，即农业、手工业分化时，为了提高生产率，对工具和技术规范化就成了迫切要求，从出土的青铜器、铁器上可以看到那时科学技术和标准化水平的发展。春秋战国时代的《考工记》就有青铜冶炼配方和30项生产设计规范及制造工艺要求，如用规校准轮子圆周；用平整的圆盘基面检验轮子的平直性；用垂线校验辐条的直线性；用水的浮力观察轮子的平衡，同时对材料使用、轴的灵活、结构的坚固和适用等都做出了规定，不失为严密而科学的车辆质量标准。

在工程建设上，如我国宋代李诫《营造法式》中对建筑材料和结构做出了规定。明朝李时珍在《本草纲目》中，记载了药物的种类、特性、制备方法、方剂等，是药剂方面典型的标准化文献。秦统一中国之后，用政令对度量衡、文字、货币、道路、兵器进行大规模的标准化，如《工律》《金布律》《田律》中规定"与器同物者，其大小长短必等"，是集古代工业标准化之大成。宋代毕昇发明的活字印刷术，运用了标准件、互换性、分解组合、重复利用等标准化原则和方法，被称为标准化发展历史上的里程碑。

古代标准化是建立在小农经济和手工业生产基础上，处于个别的、分散的、模糊的和无组织的状态，但却孕育了近代标准化的萌芽。

1.1.2　近代标准化

近代标准化是机器大工业生产的产物，蒸汽机、机床的应用，使得生产日益复杂化，分工日益精细化，协作日益广泛化。伴随着18世纪中叶产业革命的产生和发展，作为生产和管理重要手段的标准和标准化，得到了迅速发展。

科学技术适应工业的发展，为标准化提供了大量生产实践经验，也为之提供了系统实验手段，摆脱了凭直观对现象进行表述和总结经验的阶段，从而使标准化活动进入了定量地以实验数据为依据的科学发展阶段，并开始通过民主协商的方式在广阔的领域推行工业标准化体系，作为提高生产率的途径。

1789年，美国艾利·惠特尼在武器工业中用互换性原理批量制备零部件，制定了相应的公差与配合标准；1834年英国制定了惠物沃思"螺纹型标准"，并于1904年以英国标准BS84颁布；1897年英国斯开尔顿建议在钢梁生产中实现生产规格和图纸统一，并促成建立了工程标准委员会；1901年英国标准化学会正式成立；1902年英国纽瓦尔公司制定了公差和配合方面的公司标准——"极限表"，这是最出现的公差制，后正式成为英国标准BS27；1906年国际电工委员会（IEC）成立；1911年美国泰勒发表了《科学管理原理》一书，应用标准化方法制定"标准时间"和"作业规范"，在生产过程中实现标准化管理，提高了生产率，创立了科学管理理论;1914 年美国福特汽车公司运用标准化原理把生产过程进行分解、分段,创造了连续生产流水线;1927 年美国总统胡佛得出了"标准化对工业化极端重要"的论断。

随着各种行业分工的发展,机器大工业化的进程深入,各种学术团体、行业协会等组织纷纷成立。1901 年诞生了世界上第一个国家标准化机构——英国工程标准委员会。此后,荷兰(1916 年)、菲律宾(1916 年)、德国(1917 年)、美国(1981 年)、瑞士(1918 年)、法国(1918 年)、瑞典(1919 年)、比利时(1919 年)、奥地利(1920 年)、日本(1921 年)等,到 1932 年已有 25 个国家相继成立了国家标准化组织。在这基础上,1926 年成立了"国家标准化协会国际联合会(ISA)",标准化活动由企业行为步入国家管理,进而成为全球的事业,活动范围从机电行业扩展到各行各业。标准化使生产的各个环节、各个分散的组织集合到各个工业部门,并扩散到全球经济的各个领域,由保障互换性的手段,发展成为保障合理配置资源、降低贸易壁垒和提高生产力的重要手段。

1946 年,国际标准化组织正式成立,现在,世界上已有 100 多个国家成立了自己的国家标准化组织。

1.1.3　现代标准化

20 世纪初,"泰勒制"和"福特制"的诞生和传播,标志着现代标准化的开始。美国人泰勒经过潜心研究,把零部件等实物标准化提高到方法和管理的层面上,使操作方法、工时定额以及有关的管理规程都纳入了标准化,1911 年出版了《科学管理原理》一书,系统地论述了关于企业定额管理、作业规程管理、计划管理、专业管理、工具管理等理论和方法,并被称为"泰勒制",使生产效率得到了空前提高。

现代工业进程中,由于生产和管理高度现代化、专业化、综合化,一件产品的生产或一项工程的施工,往往涉及几十个行业、成百上千个企业或组织,如美国的"阿波罗计划""曼哈顿计划",中国的"人造卫星"等,从而使标准化活动更具有现代化特征。

随着经济全球化不可逆转的进程,特别是信息技术高速发展和市场全球化的需要,要求标准化摆脱传统的方式和观念,不仅要以系统的理念处理问题,而且要尽快建立与经济全球化相适应的标准化体系,不仅工业标准化要适应产品多样化、中间产品(半成品)标准化乃至零部件及要素标准化的辩证关系的需求,而且随着生产全球化和虚拟化的发展以及信息全球化的需要,组合化和接口标准化将成为标准化发展的关键环节。综合标准化、超前标准化的概念和活动应运而生,标准化的特点从个体水平评价发展到整体、系统评价,标准化的对象从静态演变为动态,从局部联系发展到综合复杂的系统。

现代标准化更需要运用方法论、系统论、控制论、信息论和行为科学理论的指导，以标准化参数最优化为目的，以系统最优化为方法，运用数字方法和电子计算技术等手段，建立与全球经济一体化、技术现代化相适应的标准化体系。目前，要遵循世界贸易组织关于技术性贸易壁垒协议的要求，加强诸如国家安全、防止欺诈行为、保护人身健康及安全、保护动植物、保护环境，以及能源利用、信息技术、生物工程、包装运输、企业管理等方面的标准化，为全球经济可持续发展提供标准化支持。

高新技术的层出不穷，产品频繁的更新换代，使现代标准化一直处于动态发展之中，否则就不能适应发展的需要。同时，标准化的对象既包括现实存在的问题，还包括潜在的问题，这样才能避免由于非标准化而带来的巨大损失。

综上所述，标准化是人类社会实践的产物，它随着生产的产生而产生，又随着生产的发展而发展；它受到生产力水平的制约，又为生产力发展创造条件；国民经济和科学技术的发展是标准化发展的动力，而标准化又为科学、技术、经济和文化的发展提供服务。

1.2 标准化的定义

1) 标准化的定义

国家标准 GB/T 20000.1—2002《标准化工作指南 第1部分：标准化和相关活动的通用词汇》对"标准化"给出了如下定义："为在一定范围内获得最佳秩序，对现实问题或潜在问题制定共同使用和重复使用的条款的活动。注1：上述活动主要包括编制、发布和实施标准的过程。注2：标准化的主要作用在于为了其预期目的改进产品、过程或服务的适用性，防止贸易壁垒，并促进技术合作。"

2) 标准化的含义

上述定义揭示了"标准化"这一概念的如下含义：

● 目的性

标准化的目的就是使产品、过程或服务具有适用性。这样的目的可能包括：产品控制、可用性、兼容性、健康、安全、环境保护、经济效益等。

● 规范性

标准化活动所建立的规范具有共同使用和重复使用的特征，条款或规范不仅针对当前存在的问题，而且针对潜在的问题，这是信息时代标准化的一个重大变化和显著特点。

● 综合性

标准化不仅限于技术领域。如果只有技术标准,没有相应的管理标准和工作标准,则各项管理措施很难得到落实,而人员分工、职责的不明确会影响工作效率,最终导致技术标准无法实施。

● 渐进性

标准化不是一个孤立的事物,而是一个活动过程,包括制定标准、实施标准、修订标准等主要工作。这个过程不是一次就完成了,而是一个不断循环、不断改进、不断发展的螺旋上升运动过程。每完成一个循环,标准的水平就提高一步。

3) 标准化的特点

从目前世界经济、技术发展的状况和趋势来看,标准化表现出以下特点:

● 系统性

在现代社会,由于生产过程高度现代化、综合化,一项产品的生产或一项工程的施工,往往涉及几十个行业、成百上千个企业和各种科学技术手段的使用,它的联系渠道遍及全球。生产组织、经营管理、技术协作关系千头万绪、错综复杂,标准化工作单靠制定单个标准已经远远不够了。因此,现代化的标准化活动应摆脱传统的方式,建立同技术水平和生产发展规模相适应的标准系统,从而综合地解决复杂的系统问题。

● 国际性

经济发展的国际化趋势,可以说是人类社会发展不可阻挡的潮流,采用国际标准也已成为普遍的现象。标准的国际性,不仅能使各国的科技工作者运用同一种符号系统互相交流思想,而且促使各国的标准化工作者积极争取将本国标准转化为国际标准,为提升产品的国际竞争力创造条件。

● 时代性

现代标准化必须体现现代人类文明的特征,摒弃工业化时代把工人束缚在流水线上只会做机械动作的传统标准化观念,体现"以人为本",变束缚为授权,把人的积极性和创造性充分地释放出来。

1.3　标准化的原理

标准化的基本原理通常是指统一原理、简化原理、协调原理和最优化原理。

1) 统一原理(Unifying Principles)

为了保证事物发展所必需的秩序和效率,在一定范围、一定时期和一定条件下,对标准化对象的形式、功能或其他技术特性确定的一致规范,并使这种一致规范与被取代的对象在功能上达到等效。

统一原理包含以下要点：

● 统一是为了确定一组对象的一致规范，其目的是保证事物所必需的秩序和效率。

● 统一的原则是功能等效，从一组对象中选择确定的一致规范，应能包含被取代对象所具备的必要功能。

● 统一要适时进行。过早统一，有可能将尚不完善、不稳定、不成熟的类型以标准的形式固定下来，这不利于科学技术的发展和更优秀的类型出现；过迟统一，当低效能类型大量出现并形成定局时，要统一就比较困难，而且要付出一定的经济代价。

● 统一是相对的。确定的一致规范，只适用于一定时期和一定条件，随着时间的推移和条件的改变，旧的统一就要由新的统一所代替。

2）简化原理（Predigesting Principles）

为了经济有效地满足需要，对标准化对象的结构、规格或其他性能进行筛选提炼，剔除其中多余的、低效能的、可替换的环节，精炼并确定出满足全面需要所必要的高效能的环节，保持整体构成精简合理，使之功能效率最高。

简化原理包含以下几个要点：

● 简化的目的是为了经济，使之更有效地满足需要。

● 简化的原则是从全面满足需要出发，保持整体构成精简合理，使之功能效率最高。所谓功能效率系指功能满足全面需要的能力。

● 简化的基本方法是对处于自然状态的对象进行科学的筛选提炼，剔除其中多余的、低效能的、可替换的环节，精练出高效能的能满足全面需要所必要的环节。

● 简化的实质不是简单化而是精练化，其结果不是以少替多，而是以少胜多。

3）协调原理（Harmony Principles）

为了使标准的整体功能达到最佳并产生实际效果，必须通过有效的方式协调好系统内外相关因素之间的关系，这是建立和保持标准的相互一致、适应或平衡关系所必须具备的条件。

协调原理包含以下要点：

● 协调的目的在于使标准系统的整体功能达到最佳并产生实际效果。

● 协调对象是系统内相关因素的关系以及系统与外部相关因素的关系。

● 相关因素之间需要建立相互一致关系（连接尺寸）、相互适应关系（供需交换条件）、相互平衡关系（技术经济招标平衡，有关各方利益矛盾的平衡），为此必须确立条件。

● 协调的有效方式有：有关各方面的协商一致；多因素的综合效果最优化；多

因素矛盾的综合平衡等。

4）优化原理（Optimizing Principles）

按照特定的目标，在一定的限制条件下，对标准系统的构成因素及其关系进行选择、设计或调整，使之达到最理想的效果，这样的标准化原理称为最优化原理。

优化原理包括以下具体内容：

● 标准化对象应在能获得效益的问题（或项目）中确定，没有标准化效益问题，就没有必要实行标准化。

● 在能获得标准化效益的问题中，首先应考虑能获得最大效益的问题。

● 在考虑标准化效益时，不只是考虑对象的局部标准化效益，而应该考虑对象所在主体系统（即全局）的最佳效益，包括经济效益、社会效益和生态效益。

1.4　标准化的作用

从管理学的角度分析，标准化的作用主要表现在以下方面：

1）标准化是现代化大生产和专业化协作的必要条件

随着科学技术的发展，生产的社会化程度越来越高，生产规模越来越大，技术要求越来越严格，分工越来越细，生产协作也越来越广泛。许多工业产品和工程建设往往涉及几十个、几百个，甚至上千个企业，协作点遍布全国和世界各地。市场经济越发展，越要求扩大企业间的横向联系，要求形成统一的市场体系和四通八达的经济网络，这种社会化的大生产，必定要以技术上的高度统一与广泛的协调为前提，而标准化恰恰是实现这种统一与协调的手段。

这种手段之所以行之有效，除了它的科学性之外，还由于它是对人们活动的一种约束，这种约束的特点是：

● 为人们的劳动过程建立最佳秩序、提供共同语言和相互了解的依据，人们会意识到它对任何人都是必要的。

● 为人们的活动确立了必须达到的目标，它比一般行政规定更富有科学根据，既能促进人们活动不断的合理化，又受到人们的尊重。

● 这种约束是从全局出发，并考虑到各方面的利益，是在充分协商的基础上确立的，它是一种无偏见的约束。因此，它既有法规效用，又有自我约束的作用，它的约束力可以跨越地区或国家的界限。

这种约束力就是一种权威，一种能够对现代化大生产从技术上和管理上进行干预的权威，这是标准化最突出的社会功能。这种功能的发挥是与技术进步、管理现代化和社会生产力的提高密不可分的，而这种功能将产生巨大的经济效益和社会效益。

2）标准化是实行科学管理和现代化管理的基础

科学管理的创始人泰勒（Frederick Winslow Taylor）曾说过："正像当年工业革命中引进机器一样，引进科学管理必将结出丰硕之果。"他的预言早已被历史所证实。泰勒所说的科学管理中很重要的一点就是标准化管理，他把"使所有的工具和工作条件实现标准化和完美化"列入科学管理四大原理的首要原理。

科学管理发展到今天，尽管它的理论、方法和手段乃至管理的对象都发生了重大变化，但是它同标准化的关系却始终密不可分，标准化在现代化管理中的地位和作用日益重要，其主要表现是：

● 为管理提供目标和依据

产品标准是企业管理目标在质量方面的具体化和定量化，各种质量标准是生产经营活动在时间和数量方面的规律性反映。有了这些标准，便可以为企业编制计划、设计和制造产品提供科学依据。还有其他的各种技术标准和管理标准，都是企业进行技术、生产、质量、物资、设备等管理的基本依据。

针对工程建设而言，任何一个开发项目的建设都是企业经营目标的组成部分。那么，针对开发过程所建立的计划标准、组织标准、协调标准、控制标准，可以为开展各项具体工作提供科学依据。统一的符号、名词、术语、管理程序、工作流程，以及统一化的报表格式等，不仅有利于改进当前的管理，也是实现高效率管理的基本条件。

● 提升企业整体管理系统的效率

通过开展管理业务标准化，把各管理子系统的业务活动内容、相互间的业务衔接关系、各自承担的责任、工作的程序等用标准的形式加以确定，不仅可以提高管理效率，而且使管理工作规范化、程序化、科学化，为实现管理自动化奠定基础。

● 使企业管理系统与外部约束条件相协调

市场条件不断变化，政策法规不断更新，政府的要求也经常会调整，这就要求企业的标准化管理系统有一个动态的调整机制，从而适应外部的约束条件，以增强企业的应变能力。

3）标准化有利于提高产品质量和服务质量

市场经济条件下，消费者总是期望用低廉的价格获得高质量的产品或服务。但对企业来说做到这些并非易事，因为许多因素是互相矛盾的，如：提高质量必然增加成本，增加服务项目也会增加成本。开展标准化管理则有利于企业解决好这些矛盾，并在对立的因素间寻求最佳的平衡点，从而提高质量。具体做法包括两个方面：建立产品质量标准、建立管理质量标准。

● 产品质量标准

这个目标一经明确，则既是企业的管理目标，又是衡量产品质量的依据。质量标准的确立可起到揭示质量差距的作用，同时，与此相匹配的管理标准（如监督检查）也有了相应的量化依据。

● 管理质量标准

企业的产品质量或者服务质量，归根到底取决于企业的管理水平，取决于质量保证的水平。简明、高效、分工明确的管理标准，不仅是建立企业质量保证体系的基础，而且应贯穿于企业管理工作的全过程。

4）标准化是控制风险的有效手段

通常来说，风险是指一个事件产生我们所不希望的后果的可能性，其核心的含义是"未来结果的不确定性或损失"。风险可以分为系统性风险和非系统性风险两类，系统性风险是指由于企业外部、不为企业所预计和控制的因素造成的风险，这类风险一般在企业运营中不可避免，如经济衰退，国家出台不利于企业的政策等；非系统性风险是企业自身某种原因造成的导致损失的可能性。

风险具有不确定性，正是这种不确定性，加上企业经营过程中的复杂性、企业资源限制、管理水平有限等，可能会导致企业的失败。通过标准化工作能够使企业对各种风险进行识别和衡量，并采取有效措施进行防范、控制，不管是通过制度也好、流程也好、表单也好，一旦通过标准化工作建立起管理和服务的标准轨道，对风险的管理就会显得更加容易。

5）标准化管理是提升企业核心竞争力的根本

核心竞争力的概念最早由美国学者普拉哈拉德(C. K. Prahalad)和美国学者哈默尔(G. Hamel)两位教授提出，即企业或个人相较于竞争对手而言所具备的竞争优势与核心能力差异，核心竞争力应该是难以被竞争对手所复制和模仿的。

在经济全球化的今天，管理水平和创新能力的高低已经超越了资本、原材料、劳动力，成为赢得市场、超越竞争对手的决定性因素。标准化管理对提升企业核心竞争力的作用包括：

● 整体最优

企业发展到一定规模之后，要想在激烈的市场竞争中获胜，关键在于企业整体及全方位的管理能力（我们称它为系统），而不是某一个方面（我们称之为局部）。好的系统管理或者说规范化管理能力是企业成功的关键，它体现的是一个企业的整体竞争力。

规范化管理（系统管理）能够获得以下好处：

○ 整合过程。最好地得到期望结果，也就是我们常说的 1+1>2 的效应。

○ 抓住关键过程。做到以少胜多，提高投入产出比。

○ 为相关方提供结果保证。提高相关方,尤其是客户的信任度、认可度与满意度,从而提高企业的竞争力。

实施方法如下:

○ 确定系统的目标。

○ 基于目标完成系统所需过程的识别(类似于项目管理的任务分解,确定要做哪些工作来保证目标实现)。

○ 了解各过程之间的依赖关系,以便把各过程联系起来,而不是孤立地看待。

○ 结构化集成与协调各过程的关系。

○ 分配好职责,减少部门间摩擦。

○ 了解组织资源与限制条件。

○ 针对关键过程,进行规范化管理。

○ 持续改进系统。

● 提升品质

21世纪是质量的世纪,而质量与标准是密不可分的,两者相互补充、相互提高。产品质量反映产品使用功能的各种自然属性,其中包括产品的性能、效率、可靠性等综合指标,标准就是对产品上述质量特性做出的明确和具体的、定量的技术规定。所以,能否提升产品质量和品质,取决于标准的贯彻实施活动是否有效,也就是说,标准化工作是进行质量管理的依据和基础,而标准化的实施不仅能提升质量,也能在提升质量的同时降低成本。

● 降低成本

标准化的最终目的是使企业获得最大的经济效益,用经济学的方法解释,企业要获得最大的经济效益,在某种程度上得益于单位成本的降低,而单位成本的降低,往往来自生产效率的提高。通过标准化手段将生产过程或工作过程进行合理归纳、简化,提高生产效率和工作效率,从而减少消耗,降低成本。

● 经验积累

标准化对象的重要特征之一是重复性。管理过程中,企业成员所积累的技术、经验(也包括教训)、知识可以通过文件的形式,固化成流程或表格,成为技术储备和管理标准的一部分,不会因为人员的流动,整个技术和经验跟着流失,进而促使对以往劳动成果的重复利用。

总之,构建企业核心竞争力的首要工作就是建立规范化的管理,即标准化管理。标准化管理遵循PDCA戴明环管理模式,通过建立文件化的管理体系,使组织的管理工作在循环往复中螺旋上升,从而提升企业的核心竞争力,实现公司业绩的改进。

1.5　项目管理标准化的概念

以获得最佳秩序和企业效益为根本目的,以管理领域中的重复性事物为对象而开展的有组织的制定、发布和实施标准的活动,称为管理标准化。也就是说,把标准化应用到管理领域,就是管理标准化。这个管理领域,涉及企业为实现确定的目标所进行的生产、经营及日常管理的全过程。

一个建设项目的开发过程,涉及的政府部门、企业成百上千,需要完成的事务性工作数以万计,如何在保证完成经营目标的同时,提高工作效率,确保产品质量,标准化管理是必然的选择。

那么,什么是项目管理的标准化呢? 目前学术界对此并没有统一的定义。《项目管理知识体系指南》(PMBOK 指南)(第五版)中对"项目管理"的定义是:将知识、技能、工具与技术应用于项目活动,以满足项目的要求。国家标准 GB/T 20000.1—2002《标准化工作指南　第 1 部分:标准化和相关活动的通用词汇》对"标准化"的定义是:为在一定范围内获得最佳秩序,对现实问题或潜在问题制定共同使用和重复使用的条款的活动。

综合上述内容,我们可以给"项目管理标准化"作出如下定义:为在项目范围内获得最佳秩序,将知识、技能、工具与技术应用于项目活动,对项目中的现实问题或潜在问题制定共同使用和重复使用的规范条款,以满足项目要求的活动。

项目管理标准化不是一般意义上的项目管理方法,而是在标准化原则的指导下,优化管理组织、管理方法,把项目管理的成功做法和经验,通过在相同或相似管理模块内进行复制,使项目管理实现从粗放式到规范化、流程化、模板化的方式转变。项目管理标准化应当符合我国国情和企业的实际,因此,应当遵循如下原则:

1) 可操作性

项目管理标准化不能停留在办公室和文件上,要注重项目管理的实践,并对项目管理的操作和效率发挥积极的推动作用。因此,管理标准的制定应当由管理第一线的人员参与,并在实践中检验、完善。

2) 可判别性

项目管理标准化着眼于建设项目的各个阶段,而各个阶段有其特定的规范和准则,因此,标准化的工作成果应当是可以辨认的,它的实施过程也应当是可以鉴别的。

3) 目的性

项目管理标准化的根本目的是将复杂的问题流程化,模糊的问题具体化,分散的问题集成化,成功的方法复制化,实现建设项目各阶段管理工作的有机衔接,提高整体项目管理的水平。

从管理的角度来说,导入任何一种管理活动或管理方法的目的,都是为了保障项目的成功,使其达到优质、高效、安全、低耗,项目管理标准化的功能在于为完成项目中各种程式化的管理作业而构造出特别的逻辑工具,这些逻辑工具是项目有效活动的前提。反之,不能保证项目管理达到预期效果的做法,也不应当成为管理标准。

第2章 项目管理的标准化

项目管理作为一门专业已经得到认可,这表明知识、过程、技能、工具和技术的应用对项目的成功有着显著的影响。虽然每个项目都因不同的位置、不同的设计、不同的环境和不同的干系人而具备独特性,但它同时又具备项目的普遍性,即明确的目标、唯一性、资源成本的约束性、项目的确定性等等。

项目管理的标准化是在标准化原则的指导下,优化管理组织、管理方法,把项目管理的成功做法和经验,通过在相同或相似管理模块内进行复制,使项目管理实现从粗放式到规范化、流程化、模板化的方式转变。借鉴国内外优秀企业标准化管理的做法和经验,如服务的标准化(快餐、酒店)、物流的标准化(快递、运输)、农业的标准化(农业生产、质量监督)等等,虽然它们在形式上各有不同,但其核心的内容都是一个——"标准化流程管理"。

2.1 流程的定义

企业都希望有好的经营结果,如提高市场份额、提高利润率、市场竞争力得到提升等等。那么,好的经营结果是怎么来的呢?一定是通过针对目标的一系列的过程实现得来的,这些过程包括:准确的战略定位、计划的分解、快速准确的项目分析、客户满意的设计标准、高质量的项目建设、快速的销售策略、优质的售后服务等一系列活动。

可见,结果是由过程而来的,好的结果来自好的过程,想要获得好的经营成果,就必须有好的过程管理。

根据过程发生的频率及其内在的规律性,我们可以将它分为两类:

1) 例行的过程

这类过程会重复发生,发生频率高,且有规律可循,过程的知识、经验、风险点等可以重复使用、参照或借鉴。例如:项目可行性分析、项目定位标准、开发手续办理、竣工交付程序、运营管理流程等。

2) 例外的过程

这类过程一般没有规律可循,不会重复发生或者发生的概率很小,且过程的经验不可以被重复使用,每一次都是新的过程,如高层决策的过程、人事调整、设计效果评审等。

根据上述内容,我们可以把流程定义为:一组能够为客户创造价值或达成企业目标的相互关联的、例行的活动过程。这些工作需要多个部门、多个岗位的参与与配合,这些部门、岗位之间会有工作的承接、流转,因此,流程也可以说是"跨部门、跨岗位工作流转的过程"。

例外的过程不属于流程,也就不适合用流程管理的方法去管理它,同样也就不适合用标准化的方法去管理它。

2.2 流程管理的价值

流程管理的理念与道理本身并不深奥,也不复杂,它来自日常的管理实践,与企业管理的基本理论是相通的、一致的,它们都是目标导向和价值导向的,都是要为企业的活动增值。

现在,大多数企业的管理架构都是基于职能化的管理模式,就是把工作性质相同或相似的工作集合在一起形成部门,如财务部、办公室、人力资源、采购部、前期部等。这种做法的好处在于通过专业化分工,可以提高企业的运作效率,控制理论风险。

职能导向的组织架构是每个部门负责人站在本部门职责范围的角度,设计本部门的工作程序、管理模式、管理方法,这种方式最大的问题就是企业的各个子系统之间缺乏整体考虑与有效衔接。只要生活在这样的组织中,可能我们经常会听到以下类似的声音:

● 项目的工作得不到职能部门的支持,协同工作怎么那么困难?
● 审批环节怎么那么多,谁对时间效率负责?
● 为什么客户总是投诉?
● 为什么我们的成本控制总是高于竞争对手?
● 为什么我们的质量问题层出不穷?
● 同样的设计缺陷,为什么每个项目都会重复发生?
……

而解决这一问题的关键就是流程管控,因为流程的本质是目标导向和价值(客户)导向,它是跨部门的,部门的职责是为流程的运行提供协助和资源支持。诚如美国流程专家迈克尔·哈默所说:"为顾客创造价值的是流程,而不是哪个部门。"

流程管理的价值主要体现在以下几个方面。

1）战略落地的保障

战略目标如何能被不打折扣地执行到位并圆满完成，是企业面临的共同难题。实际上，战略执行不到位的原因就在于战略没有有效的手段落实到最终的执行层面，而仅仅停留在每年的目标要求和绩效考核的责任书中。

按照流程管控的原理，根据战略成功的关键因素找出战略执行的关键举措，并将这些举措和目标要求从高阶到低阶逐层分解，一直到岗位执行层面的活动，同时明确具体的操作方法。只有这样，才能保证战略的落地，如图 2-1。

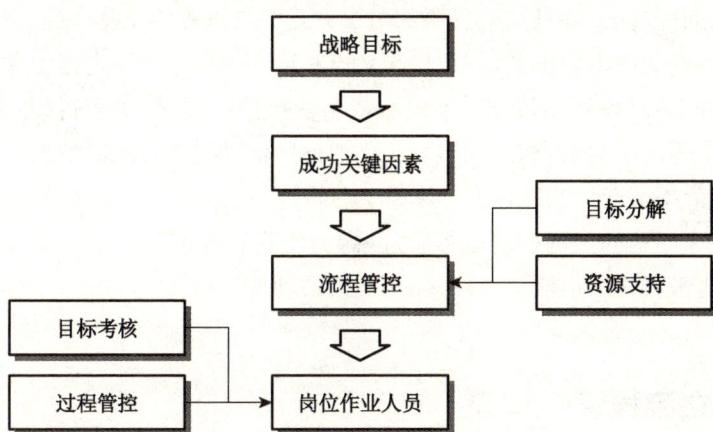

图 2-1　战略目标分解落地示意图

2）获得整体最优

客户在与企业接触时，一般面对的都是企业的普通员工，如销售、客服、商务等，从表面上看，客户的满意度状况似乎取决于这些与客户直接接触的员工，然而，实际上员工的言行、举止、态度、素质，甚至是客户的服务流程都是由企业的管理体系决定的。

企业的管理体系决定了安排具备怎样知识、经验和能力的员工，决定了员工会采取怎样的行为，决定了员工与客户会用怎样的流程打交道。所以，企业与企业的竞争本质是全方位的，是管理体系的竞争，而不是某一个点的局部。

在竞争激烈的时代，好的系统管理是企业成功的关键，也就是 ISO 所强调的过程管理方法。系统管理的实施方法如图 2-2。

3）提高运营效率

为客户创造价值（增加价值）的是流程，而不是某个部门或岗位，流程决定了企业要做什么，不做什么。企业中的资源（包括人、财、物、时间、信息、技术等）都是为

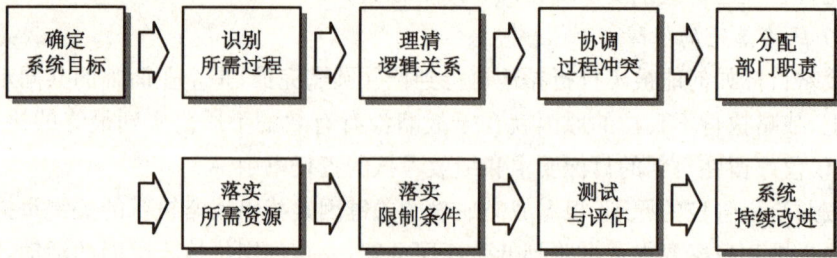

图 2-2　系统管理实施方法示意图

了流程需求而配备的,并且这些资源的组织方式要与流程体系相匹配。

　　据统计,企业中不增值的活动比例大概占到 85%～95%,流程中大部分时间在做客户(外部客户和内部客户)不关心或不认可的事情,例如等待、重复审核、错误纠正、返工等。很显然,如果能够减少不增值的活动比例,提高增值的活动比例,企业的运营效率就会大幅度提升。

　　解决效率问题的关键就是流程管理,因为流程管理的目的就是提高工作效率和工作效果,最大化增值活动,最小化不增值活动。

2.3　建立流程管控体系

　　建立流程管控体系是一项系统的工作,需要在提炼实践经验的基础上进行,同时,它又不可避免地受企业文化的影响。因此,进行流程体系的设计,首先需要明确企业的愿景、使命、价值观,进而结合企业的战略规划(长期的战略和短期的战略)开展相应的工作。流程规划的组织架构如图 2-3。

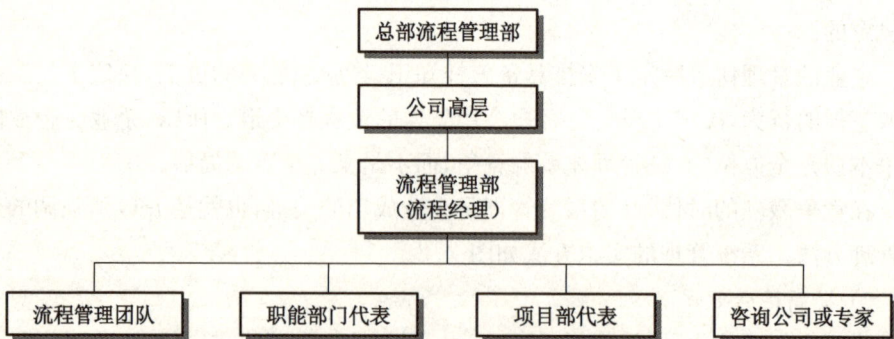

图 2-3　流程规划的组织架构

2.3.1　流程的规划

谁来主导流程规划工作,这是个核心的问题。不同企业由于所处的发展阶段不同,企业管理基础不同,企业文化不同等等,所需要的流程管理组织架构也各不相同,无法套用统一的模式,但无论采用哪种模式,流程小组中分管高层领导、流程所有者、流程管理部门、职能部门这四个角色都是必须存在的,其在流程小组中各自的职责也必须予以明确。

● 分管高层领导

既然流程在企业中如此重要,那么必须有一位对此项工作专门负责的高层领导,可以是一位主管副总或由企业的总经理兼任。高层领导负责对流程体系建设的方向和重点进行指导,并对流程体系的规划和年度计划进行评审,以保障流程体系建设和企业的战略目标方向紧密契合,同时对流程管理中的重大事项和问题进行决策及推进,主要包括:

○ 审批公司流程总架构及各级流程架构

○ 任命各级流程的所有者

○ 对所有者的流程管理工作进行评估与考核

○ 审批公司年度流程优化方案及相关预算

○ 为流程的正常运行提供资源保障

○ 协调解决流程运行过程中的冲突

● 流程所有者

无论企业的规模大小,任命流程所有者是必需的,因为流程所有者是流程的核心责任主体,流程能否高效运作关键取决于流程所有者。流程所有者对最终的结果负责,一般情况下流程所有者由一个流程中业务关联度高的职能部门或人担任。

流程所有者设置过程中,一定要明确流程所有者与职能部门之间的区别,界定二者之间的职责界面,以利于流程的正常运行。

一般来说,流程所有者应具备以下资格:

○ 理解业务

流程所有者一定要理解业务,理解业务比熟悉业务要求要高,要理解业务的本质与关键控制点,知道客户的关键需求是什么,知道业务应当采取什么样的策略与原则。清楚流程设计、流程管控、流程优化的关键节点所在。

○ 有一定的影响力

流程所有者不是组织中传统的岗位,他的权力是虚拟的,很容易在工作的过程中不被尊重,为此,他需要更多地运用影响力来推动工作。影响力来源可能是:较强的沟通能力、一定的职位高度、卓越的领导力、丰富的工作经验、较高的业务素质等。

○ 理解流程管理

流程所有者必须理解流程管理的目的,掌握流程管理的基本方法,遇到流程问题的时候,能够运用流程方法去解决。

流程所有者是对流程整体负责的人或团队,流程所有者的具体职责包括:

○ 负责流程的设计,保证流程方向正确、方法正确、规则清晰有效

○ 负责新流程的推动实施,确保流程执行到位

○ 负责流程跨部门问题的协调处理

○ 推动流程持续优化工作,提升流程竞争力

○ 与其他流程所有者一起合作推动高阶流程绩效的改善

概而言之,流程所有者的职责就是推动流程 PDCA 闭环运作。

● 流程管理部门

对于规模小的企业,无须设置专门的流程管理部门,但专职的岗位是必需的,而且尽量保证能够全职负责流程管理工作。对于中大型规模企业,可以考虑设置专业的流程管理团队,或者与其他的职能部门合并,从企业实践来看,有以下两种做法:

一是与 IT 部门合并,并将原 IT 部门更名为流程 IT 管理部。国内流程管理推行较早且成熟度高的企业大都采取这种模式,如华为、联想、海尔等。这种模式的好处是本着先流程后 IT 的原则,通过 IT 系统将优化后的流程进行固化,提升流程体系运行的有效性。如果 IT 部门在公司地位较低时,不适合采取这种方式,否则流程管理后续很难推动。

二是与职能管理进行合并,形成一个复合型管理部,如房地产企业中的项目管理部,将流程、计划、质量、绩效整合在一起。这种方式的好处在于能够保证流程管理的高度,将流程管理聚焦于经营与项目管控的关键问题,与战略方向保持一致。这种模式下需要找到能力优秀的部门负责人,否则很难实现预期的效果。

无论采用哪种模式,流程管理部门的职责都包括:

○ 负责流程架构的管理工作,包括流程规划工作组织、流程规划方案报审、先进企业和标杆企业的管理思想、流程架构的研究与分析。

○ 负责业务流程的规划。对组织内的所有业务流程进行系统规划,包括流程的分类、分级、分段,并梳理好各流程之间的接口,对任命各级流程所有者提出建议,界定所有者的职责。

○ 负责流程优化管理工作,包括流程优化建议收集、流程优化建议研究、流程优化方案报审、流程优化实施等。

○ 负责流程绩效管理工作,包括组织流程绩效目标设定与分解、组织开展流程

绩效评估与分析、实施流程绩效改进等。

○ 负责流程文件管理工作,包括流程文件规范性审核、跟进流程文件审批过程、流程文件发布等。

○ 负责跨部门流程问题的解决,包括建立跨部门间流程协调机制、协助解决出现的问题。

○ 负责提供流程管理专业支持,包括流程管理方法及工具开发、流程管理培训、流程管理过程中的专业指导。

● 职能部门

流程管理中职能部门的职责包括:

○ 严格执行流程管理部门发布的流程文件,确保流程遵从性和有效性。

○ 按照流程文件要求,建立并完善所负责的流程节点作业层文件,包括岗位操作手册、模板、表单、工具等。

○ 为流程的高效运行提供充分的资源支持与专业保障。

○ 完成流程所有者交办的流程管理工作。

○ 提出流程优化建议。

2.3.2　流程的分类分级

流程的分类分级,就是把流程从粗到细、从宏观到微观、从端到端的流程到具体指导操作的明细流程进行分解。在对流程进行分类分级时,流程管理部门需要对公司的流程总图进行规划,这个流程总图一般不会一次成型,随着流程分类分级工作的深入,应不断进行调整和完善。

1) 流程分类

企业内的所有流程理论上是可以互相贯通的,为了高效地管理这些流程,应根据流程的性质进行分类,这样有利于从整体上把握不同类别流程的定位与作用,有利于更好地设计公司流程体系。

一种方法是参照 APQC(America Product & Quality Center,美国生产与质量中心)模型把流程分为两类:运营流程、管理及支持流程,如图 2-4。

常见的还有另外一种分类方式,即分为战略流程、经营流程、支持流程。

● 战略流程

战略流程是面向未来的,为企业提供方向和管理目标。包括企业长期、中期及近期战略目标的规划,战略目标的分解,制定战略目标实现策略,确定所采用的竞争策略与商业模式,战略过程的控制与调整。流程管理需要充分地理解公司的战略意图、目标与公司的盈利模式,把握行业成功关键要素及公司的竞争策略。对战略目标的正确把握是做好流程管理的前提,因为理解了战略,就知道流程管理的目

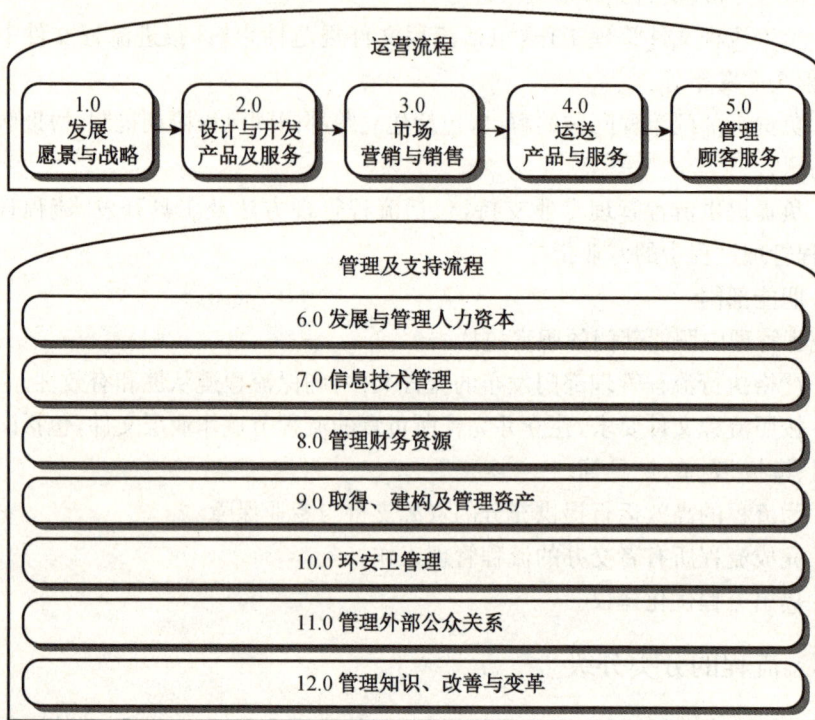

图 2-4 APQC 流程分类框架通用版

标,就知道如何选择重点,如何平衡与取舍。

● **经营流程**

经营流程就是直接为客户创造价值的流程,能够被外部客户看到或感觉到,经营流程从客户提出需求开始,到满足客户需求结束。经营流程是水平的,是横向跨越多个部门的,它是企业竞争力的根本所在,也是企业流程管理与改善的重点。

● **支持流程**

支持流程为经营流程提供支持服务,通常包括决策支持、后勤支持与风险控制。支持流程一般是纵向职能专业导向的,专业管理部门明确,所有者相对容易确定,流程横向协调的难度相对较低。在做支持流程设计的时候,要以战略流程为导向,为战略目标的实现准备好相应的资源、支持与管控;要以经营流程为目的,一切为经营流程服务,能够真正帮助提升经营流程的效率与效果。

2)流程分级

整个企业的运作可以看成一个端到端的流程,也就是我们说的以市场需求为起点,以经营及战略目标(包含了客户满意)达成为结束。如果流程不分级,都细分到活动,那么企业的管理就会陷入混乱。

通常企业可以将流程分为高阶、中阶与低阶三个层级，对应的人员分成高层、中层与基层。与此类似，我们可以把流程分为一级流程、二级流程和三级流程。一级流程是公司的整体管理体系，以客户（市场）需求为输入，以经营（战略）目标实现为输出。二级流程应是相对完整的子流程体系，如产品设计流程、原材料采购流程、工程建设流程等。三级流程是执行层面的流程，就是流程已经分解到了岗位，有了执行的主体，同时，三级流程中还包括相应的操作手册、作业指导书、有关的模板、标准化表单。

企业高层负责一级流程的管理，包括整体管理体系的规划、推动实施与改进。企业中层负责二级流程的管理。通常二级流程交给部门负责人管理就可以了，如财务管理流程、人力资源管理流程。但经营类流程由于是水平导向的，往往跨越几个部门，建议由高层来负责，如副总经理。三级流程的管理和执行由基层管理者负责，基层管理者不代表是职位最低的管理人员，这取决于企业的岗位设置。

根据房地产开发企业的特点，其企业运作流程的分类分级可以表示为图 2-5。

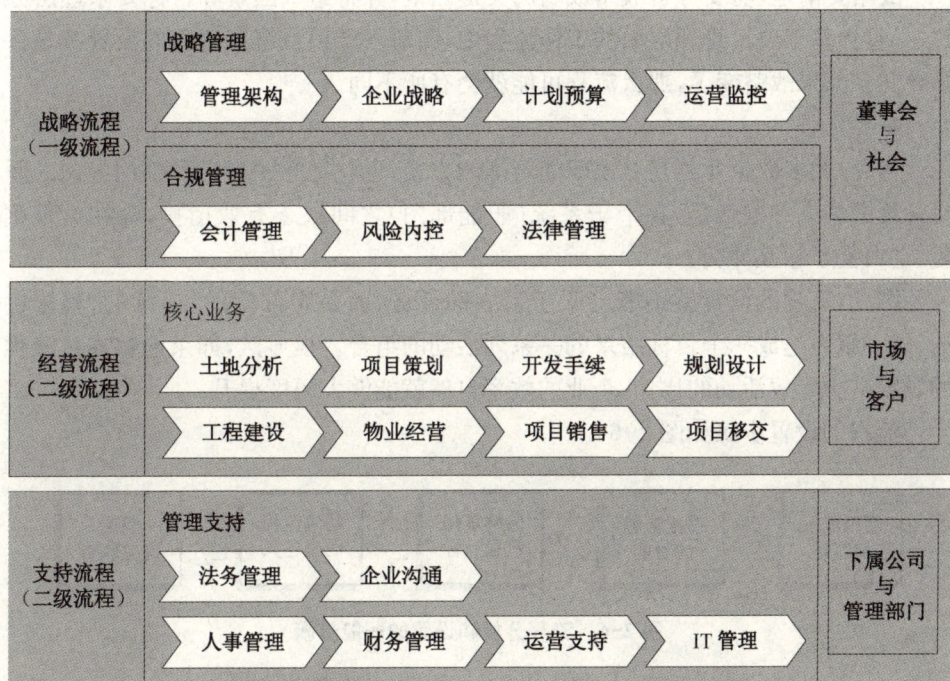

图 2-5　房地产开发企业流程分类分级框架示意图

3）流程设置

流程的设置应遵循如下基本原则：

● 关注顾客

组织依存于顾客。因此,组织应当理解顾客当前和未来的需求,满足顾客要求并争取超越顾客期望。正如德鲁克所说的,顾客是组织存在的唯一理由,所以,无论什么样的组织,其工作的目的都是要满足顾客的需求,顾客的需求是第一位的。

要满足顾客需求,首先就要了解顾客的需求,这里说的需求,包含顾客明示的和隐含的需求,明示的需求就是顾客明确提出来的对产品或服务的要求,隐含的需求或者说是顾客的期望,是指顾客没有明示但是必须要遵守的,比如说法律法规的要求,还有产品相关的标准的要求。另外,作为一个组织,还应该了解顾客和市场的反馈信息,并把它转化为质量要求,采取有效管理流程来实现这些要求。想顾客所想,这样才能做到超越顾客期望。

● 目标导向

企业的发展基于正确的、清晰的战略定位,而战略的实现取决于是否与管理流程之间建立起了逻辑关联。

战略要落地,需要分析战略成功的关键因素,并将这些因素和目标要求逐层分解,一直到基于项目管理层面的工作流程中,即每一个项目管理流程的设置都是目标导向。如果战略变了,那么流程可能就会有所不同。

● 整体性

当今,大多数企业还是习惯职能管理的方式,也就是问题导向和部门导向。职能管理的最大问题就是,各个子系统(职能部门)之间缺乏有效衔接,存在大量重复、空白甚至相互冲突。

因此,流程的设置就不能着眼于孤立的任务,而是跨部门的、连续的、整体性的,是一组为达成一个目标结果的一系列活动的组合。很显然,如果能够通过流程的设置减少无效活动的比例,企业的效率自然就能够大幅度提升。

流程的设置步骤如图 2-6。

图 2-6　流程分析和设置的一般步骤

2.3.3　流程的执行

管理大师德鲁克说:"管理是一种实践,其本质不在于'知'而在于'行';其验证不在于逻辑,而在于成果。"因此,对于流程,我们必须找到有效执行的方法。

在项目运营中我们常有这样的困惑:完全相同的流程,因不同的项目或不同人员的应用,得出的工作效果也完全不同,所以要真正实现标准化,就要做到同一项工作可以是不同的人来做,但最终效果应是相差无几。这就要求标准是唯一的,而让标准做到唯一,就是要让它变成可量化的数据,而不是一些抽象的、模糊性的描述。

流程是做事的程序,那么流程中的每一个节点(步骤)就是相应岗位上的员工(或部门)应该承担的责任,如何让每个节点的工作按照规定的时间和标准完成呢?这时,我们就想到了表单。如果在流程的行进过程中,伴随着一张表单,上面明确规定着一项工作的操作步骤、责任人、资源协调人、完成标准、完成时间以及风险提示点,那么,即使是新入职的员工,只要按照表单的规定去做,结果就不会发生偏差。毫不夸张地说,表单是一种做事的方式与协作的链条,是标准化思维的具体体现和应用。这里所说的表单是广义的概念,它包括:表格、模板、操作手册、工作指引等,如全周期计划模板、合同审批表、开工证办理工作指引等。

1) 表单模板的重要性

表单、模板等的重要性主要体现在:

● 使工作或活动有章可循,使过程控制规范化,处于受控状态
● 确保实现产品/工作/活动质量特性
● 保证过程的质量
● 对内、对外提供文件化证件
● 持续改进工作质量(产品质量)的基础和依据
● 某些情况下,若没有作业文件(表单模板),则工作或活动的质量不能保证

2) 设计表单模板的关键

表单模板的设计体现了企业精细化、标准化管理的水平,其设计有以下关键要点:

● 管理要求

企业的战略通过工作流程来具体实施,流程的实施就要通过表单模板来落地,表单模板的质量直接关系到工作成果的达成。因此,表单模板的设计必须明确具体的完成时间、责任归属。

● 完成标准

很多企业都有大量的审批流程,流程要求审批节点上的负责人进行审批,并填写审批意见,但其设计中的一个缺陷就是在审批节点后面留出空白,每一个审批人对相应空白填写审批意见,这样做的结果是:不仅对工作不熟悉的申请人迷茫,审批人也要多次翻阅公司的制度说明,于是,一个流程多次被退回、修改,再退回、再修改,一项本来一两天能完成的工作,往往需要一个星期甚至更长的时间。

那么,能不能在表单模板的设计中就考虑到流程审批的检查标准,把专业知识

的关键点融入表单模板,直接呈现在使用者面前,使用者直接对照检查标准逐条落实呢? 这样,一次性就把工作做好。表 2-1 是一个合同审批的表单模板示例,可以看到,审批人不再是笼统的签字或审批,而是对照审核要求逐项审批就可以了,如果都符合,这个审批节点就是没有问题的。

表 2-1　合同审批表单模板(部分)

职能部门审查事项:
一、签约方主体资格审查
1. 已取得对方的营业执照、税务登记证等证照复印件;　　　　　　　是□　　　否□
2. 具备相应的行业资质证书或合法批准手续;　　　　　　　　　　　是□　　　否□
3. 已考察签约方的生产能力、产品质量、商业信誉等状况,
是否符合合同要求;　　　　　　　　　　　　　　　　　　　　　　是□　　　否□
二、合同文件商务条款审查
1. 合同价格、价款的确定过程
A. 邀请招标　　　　　　　　　　　　　　　　　　　　　　　　　　是□　　　否□
B. 三家比选　　　　　　　　　　　　　　　　　　　　　　　　　　是□　　　否□
C. 确定价格的其他原因＿＿＿＿＿＿＿＿＿＿＿＿＿＿＿＿＿＿＿＿＿＿＿＿＿＿＿
2. 是否有设定风险防范措施;　　　　　　　　　　　　　　　　　　　是□　　　否□
3. 采取预付款还是验收后付款　　　　　　　　　　　预付款□　　　验收后付款□
预付款比例为＿＿＿＿＿＿％
……

2.3.4　流程的应用

　　流程规划完成后,很多企业没有将流程架构落地,导致流程没有被执行。主要原因在于,企业不懂得如何有效应用流程架构,如何有效地将流程架构工作分解到相关的操作层工作要求中。根据笔者的经验,流程管理体系的推行及有效应用,需要同时开展以下四个方面的工作:

　　1) 根据流程建制度

　　在企业里我们经常会听到这样的抱怨:制度太复杂,很难看得懂;制度与制度之间矛盾,做一件事要去查阅不同的制度;制度得不到及时更新,市场和环境已经变了,制度还是原来的;制度发布了很多,但不具备操作性,执行的时候经常走样;制度太多、太乱,要用的时候不知道看哪些……

　　企业的本意要的不是一堆制度,而是通过制度规范运作之后,提升工作效率,保证过程质量,减少运营风险,最后体现在财务报表上就是提高收益。但实际情况是,在很多企业里,很多制度成了摆设,制度规定是这样,实际操作是另一样。为什么会出现这种情况呢? 从流程架构的维度来看,这个问题产生的原因很简单,制度建设没有系统性,没有基于全面的流程架构来构建,没有基于流程为主线来设计,

其结果,必然是问题导向和部门导向,制度之间充满了大量的重合、矛盾和缺失。

流程是制度的灵魂,制度是为了流程而存在的。所以,在定制度的时候要想清楚是为哪个流程服务的? 要了解清楚流程的框架,要理解流程的目的、目标与管理原则,知道制度是如何为流程目的服务的。

制度是为了保证流程能够有效执行,保证流程设计的目的能够顺利实现而做出的安排。但是,流程设计完成后并不会自动地执行,需要给操作者相应的约束,这些约束在公司层面通常表现为制度。制度是公司的法律法规,具有正式性与强制性的特点,每个人都必须遵守。一般而言,制度包括两大部分:一是流程必须要遵守的规则;二是对流程执行绩效的激励制度。前者保证流程操作有章可循,即流程的关键控制点用制度的方式严格地管理起来,符合流程设计的思路;后者保证流程执行有激励机制保障,使得流程执行人员既有高效执行的动力,又有严格执行的压力。

基于流程框架的制度设计,通常包括以下内容:

● 流程运作的方法,即流程运作的活动步骤。由于在制度中规定了任何人都不允许跨越流程,流程的活动线路才会变为实际操作,流程管理的价值才能够得到体现。流程运作的方法一般是以流程图的方式表示。

● 流程运作的规则,即为了实现流程目的需要遵守的规则。例如计划管理流程中的计划编制规则、计划审批规则、计划调整规则等。目的是保证流程运行井然有序,控制流程运行的风险,确保实现流程设计的目的。

● 流程执行的职责分配,即流程团队成员之间的分工与职责,确保团队合作规则清晰,每一项工作都能落实到岗位。

● 流程运行的管理要求,包括流程的整体目标及关键活动的关键绩效指标(KPI),必须符合的管理标准。这是对流程操作提出具体的绩效要求,以确保流程目标能够实现。

● 流程运行绩效的评估规则,包括流程检查、流程绩效评估、激励规则的相关制度,保证流程的执行会得到检查,当流程执行不符合的时候能够被发现,对于不符合流程、流程执行力达不到要求的责任人要有约束,对于表现优秀的人员要有正向激励。

2) 根据流程定职责

在职能式的组织结构中,每个人只对上级与部门职能负责,很少有人关注整个流程运行是否顺畅,全流程绩效是否达标。流程架构规划的本质就是围绕横向跨部门流程去构建一套水平组织责任机制,通过职责引导组织的资源去关注各级流程的规划、设计、运行及最终的绩效。

流程体系责任机制核心在于解决流程体系闭环管理责任落实与权利分配问

题,具体包括流程管理组织架构设置和流程管理相关权责分配(参见 2.3.1 流程的规划)。

3) 根据流程管绩效

管理的本质是体现绩效导向、成果导向,管理方法只是手段。流程管理的本质同样要关注流程绩效,让流程处于高绩效运行状态。

对于大多数企业而言,面向流程的、系统的、全面的考核体系建立还存在很大的难度,原因在于,大多数人力资源管理人员不知道流程是什么,也不认为做这个事情很重要。因此,人力资源部门应该认识到,考核不是目的,通过考核让流程运行得更顺畅,从而提升企业的赢利能力才是根本目的。基于流程架构的绩效考核体系建设,可以按照如下步骤开展:

● 明确目标

绩效考核的目标包括:

○ 为了促进流程的持续改进。为了达成这一目标,需要先找出急待优化的流程,记录流程的运行状况,甄别其影响因素,分析问题并找到改进方法。

○ 为了解决上下游不同部门的扯皮问题。找到跨部门协同问题严重的关键流程,制定不同部门之间的责任界面和工作承诺,并进行公示,持续化、制度化跟进流程的完善。

○ 为了提高客户服务质量。找出与服务质量相关的关键流程和绩效指标,分析这些流程涉及哪些部门、哪些岗位,各部门、各岗位是如何影响这些指标的,提高这些指标的关键点在哪里,由谁来计划、组织、监控整个工作持续有效地开展,工作持续有效开展的动力在哪里。

○ 为了保障流程的执行落地。找到关键流程,梳理流程的关键控制点,找到流程的责任人和关键控制点的责任岗位,对流程执行情况进行专项考核。

可能还有其他很多因素与考核目标相关,总之,找到目标才能确保流程考核工作落到实处。

● 筛选流程

基于前述的目标,通过重要度分析选择关键流程,分析的维度包括客户导向、行业竞争力因素、关键绩效指标等。完成重要度分析后,本着先易后难、先点后面、先业务后职能的原则逐步实施,以积累经验、控制风险。

● 绩效指标

○ 流程的绩效指标不要太复杂,要找到简单明了,面向最终产出的整体目标,而不是各部门的指标。

○ 流程的绩效指标应与战略保持一致,是对企业的战略目标分解落实到具体流程目标的量化。

○ 流程的绩效指标不应设置过多,应根据流程关键点设置相应的过程评测指标。

● 明确责任人

没有人会主动对流程绩效的指标负责,所以在制定流程绩效指标之前,必须找到合适的负责人。这个负责人要有相应的能力和授权,能够组织、协调其他部门的资源。有时,流程绩效会和部门绩效联系在一起,特别是流程负责人同时是部门负责人的情况下更是如此。

有时,流程负责人和部门负责人会发生冲突,为解决这个问题,企业可以在组织架构的设置时给流程管理部相应的授权来解决,或者由更高一级的领导出面解决。

● 明确标准

在确定了流程考核推进计划和步骤后,确定的指标标准成为工作的关键。好的标准是:具体的、可量化的、可实现的,更重要的一点是要有明确的完成时间。

● 流程优化

流程绩效考核最核心的目的不仅是衡量过去,更重要的是促进未来的改进,通过定期分析当前的流程绩效完成值,与客户的期望值、标杆对手的值、年度绩效指标的完成度进行对比,找出差距、持续优化进而提升流程绩效。

4) 根据流程调组织

基于流程架构调整组织架构的目的是通过组织架构调整来更好地匹配与支撑流程运作,促进核心业务流程高效运作。组织架构的调整需要考虑以下几个方面的问题:

● 集权与分权

集权的优点是资源集中、强化管控、决策效率高,但缺点是对市场的响应速度慢、不能发挥基层员工的积极性和主动性。分权的优点是市场响应速度快、基层员工的积极性高,对客户的差异化需求处理效率高,缺点是资源分散、管控难度大,对基层员工的素质要求比较高。如何处理好集权与分权的关系,可以基于流程架构做如下选择或调整:

○ 对于客户接触度高的,且需要面对面交流,不适合集权处理,从授权设计上宜采取分权方式,比如客户拜访、合同谈判、售后服务等。

○ 反之,对于客户接触度低的,不需要面对面交流,宜采取集中处理,如财务部、成本部、人力资源部等。

● 组织外包策略

对于企业核心竞争力所在的环节以及核心业务流程,企业应牢牢地掌控,不宜外包。这些流程通常具有企业特色,宜由企业自行负责,投入优质资源,作为战略重点,力争做到行业最优,形成企业竞争优势。

相反,对于非企业核心竞争力环节,行业通用的业务流程,宜采取外包模式,形成比较竞争优势,降低运营成本,提升综合质量。表现在组织架构上,就是将相应的部门剥离,与相关流程的专业服务商建立合作关系,如 IT 服务、招标代理、造价咨询、建筑设计、工程施工等。

● 调整职能部门职责

将部门设置与职责基于流程进行调整或整合,使部门职能与流程职责尽量一致,达到减少流程协调难度的目的。平常协调有问题的流程,可以考虑有一个主导部门负责,不要出现多个部门同时负责的现象。

● 基于流程架构的 IT 规划

流程管理的有效运行途径是,将卓越的业务流程实现 IT 化,为业务运作配备先进的 IT 工具,实现业务的自动化运营,大幅提升运作效率的同时,保证业务运营的准确、可靠。

流程架构是 IT 架构规划的基础,通过流程架构驱动信息架构、应用架构及技术架构的同步规划,实现四个架构的匹配与一致。它们之间的关系如下:

○ 企业信息架构:将企业业务实体抽象成为信息对象,将企业的业务运作模式抽象成为信息对象的属性和方法,建立面向对象的企业信息模型。企业信息架构实现从业务模式向信息模型转变,业务需求向信息功能映射,企业基础数据向企业信息抽象。

○ 企业应用架构:以企业信息架构为基础,建立支撑企业业务运行的各个业务系统,通过应用系统的集成运行,实现企业信息的自动化流动,代替手工的信息流动方式,提高企业业务的运作效率,降低运作的成本。

○ 企业技术架构:是企业的技术基础结构,通过软件平台技术、硬件技术、网络技术、信息安全技术的相互作用,支撑企业正常工作的运转。

IT 架构是由企业的业务架构决定的。业务架构描述了企业各业务之间相互作用的关系结构,以人流、物流、资金流、信息流等联络各业务线,构成了企业的基本业务运作模式。业务架构通常以流程架构的形式来表达,所以企业在完成流程架构的规划之后,要同步评估 IT 架构是否需要做相应的调整,以及如何去调整。

● 组织架构的改进

传统的、职能导向的组织架构管理思维与流程管理是不兼容的,甚至是相冲突的,如果不能从组织架构进行调整,流程管理是得不到组织架构支持的,流程管理也就不会真正有人去负责。那么,是否需要对原有的职能型组织架构进行彻底改造,建立一种全新的流程型组织呢?实践表明,职能型组织仍然有许多先天的优越性,不需要对其进行再造,只要对其进行适当的补充和完善。

可以将职能型组织调整为职能型＋流程型组织,整个的组织架构没有结构性的变化,对公司不会产生重大影响,因而在企业中容易推行。职能型＋流程型组织具备以下特点:

○ 在组织架构中增加了流程所有者的职能,负责水平经营流程的管理。

○ 在中层部门增加了流程管理的专业职能,负责推动流程体系的闭环管理。

○ 明确了公司高层的流程管理职能,负责公司流程管理中的重大事项决策和审批。

○ 弱化了原有的职能部门功能,各职能部门的资源得到释放,专业能力得到充分发挥,有利于公司根据环境的变化进行灵活调配,有力地支持跨部门项目管理工作。

2.3.5   流程的优化

建立了流程体系,并不能解决企业所有的问题。要达到流程体系运行的顺畅和高效,需要诸多的条件、资源、环境等支持因素,而这些支持因素不会自动实现,需要企业有步骤地培育,并对流程本身进行持续的优化和改进。经过实证分析,我们发现,流程在运行六个月之后,如果无人管理和优化,流程将逐步变得难以使用,大多数流程在一年的时间内就将瘫痪停滞。因此,我们应该阶段性地对流程进行评估和监控,通过不断发展、完善、优化业务流程保持企业的高效运营,也即是需要开展流程优化的工作。

流程优化工作包括优化需求和优化策略两个方面。

1) 优化需求

流程优化的前提是收集优化需求,一般来说,优化的需求来自以下几个渠道:

● 客户满意度调查报告

以客户为导向进行流程优化是流程优化的基本原则之一,因为企业内部或多或少都存在本位主义的现象,自我感觉良好的流程可能客户并不满意,而企业管理者往往对外部客户的意见了解不够全面,或者只了解一部分。

● 公司战略

分析企业的年度战略,便于确定流程优化的重点。比如现在很多企业把降低管理费用作为战略之一,那么与管理费用相关的流程就是优化的范围。

● 标杆企业对比

如果同行业中的竞争对手做得更好,那么,竞争对手就是流程优化的样板。通过研究竞争对手的核心流程,往往可以发现很多可供借鉴和改善的空间。

● 流程绩效评估

通过对流程目标本身的定期评测,可以找到流程的缺陷和差距。

● 流程优化建议表

在日常的工作中,各级管理者是流程的实际使用者,流程的效果和效率如何,他们是最有发言权的,因此,来自企业员工的优化建议往往也是最有价值的。实践中,不定期的收集《流程优化建议表》(表 2-2)的做法,可以收到比较好的效果。

流程管理部门收到流程优化建议后,应该对所有的优化建议进行整理和分析,因为很多建议可能过于简单,或者说没有反映出问题的本质,所以,流程管理者应与建议人进行沟通,对问题进行确认及细化,最终提出流程优化的解决方案。

表 2-2　流程优化建议表

流程名称		归口部门	
建议人		提出日期	
问题描述			
原因分析			
优化建议			
建议反馈			

2) 优化策略

在完成了优化需求的第一步工作之后,流程优化该怎样具体进行呢？可以依据 PPS 三种策略进行优化,即分别是基于绩效(Performance)、过程(Process)以及战略(Strategy)的三种策略。

● 基于绩效(Performance)的提升

实施流程管理的目的是为了提高工作绩效,其衡量指标就是流程的关键绩效指标 KPI(Key Performance Indicator),即通过对流程运行时间、效率、成本等数据的研究,揭示流程的内在运行情况,结合组织的绩效要求进行改进和提升。该种策略可以基于 AQCTR 方法进行研究和分析,对于 AQCTR 方法,其每一个字母代表流程的绩效衡量维度。

　○ Amount(数量):如完成率、达成率等

　○ Quality(质量):如满意率、差错率、合格率、交房率等

　○ Cost(成本):如成本达成率、预算达成率等

　○ Time(时效):如工作效率、按时完成率等

○ Risk(风险)：如危机事件、事故、非预期损失、媒体曝光等

当然，也可以基于 6σ 管理的 DMAIC 方法进行持续优化。对于大规模频发的流程，如营销流程、客户服务流程等，需要监控流程的平均运转时间及响应能力，对需要改进的流程进行区分，找到高潜力的改进机会，优先对其实施改进以保障业务的高效运转。

● 基于过程(Process)的提升

随着业务过程的不断变化，企业基于顾客价值链上的价值分配也会发生变化，这种变化也应该及时体现到流程的调整和优化中，即是尽一切可能减少流程中非增值活动，调整流程中的核心增值活动。

其实，基于绩效(Performance)的提升，可以在短期内快速提升流程的效率，然而当流程效率提升到一定程度之后，会发现，流程效率基本没有再提升的空间了。这时，也需要考虑对流程的过程进行研究和调整。

基于过程的优化方法可以参考目前常用的 ESIA 方法。即采用消除(Eliminate)、简化(Simply)、整合(Integrate)和自动化(Automate)四个步骤，简称 ESIA 法。ESIA 法是减少流程中非增值活动以及调整流程的核心增值活动的实用原则。

○ 清除：指对组织内现有流程中的非必要的、非增值活动予以清除，如活动间的等待、不必要的审核、重复活动、反复检验等等。

○ 简化：指在尽可能清除了非必要的非增值环节之后，对剩下的活动仍需简化，如可考虑从记录、程序、沟通、例行会议等方面进行简化。

○ 整合：指对分解的流程进行整合，以使流程顺畅、连贯、更好地满足业务需求。

○ 自动化：指在清除、简化、整合的基础上，实现作业流程的自动化。如重复乏味的工作，数据的采集与传输，数据分析等。

另外，实践中还可以采用的方法有：

○ 风险点前置：将风险控制点向前置，会从整体上提高流程效率。如将采购计划，变更管理等流程中的一些控制点前置。

○ 化曲为直：将原本冗余环节和非增值环节简化，将流程由串行改为并行提高流程审批效率等，以使流程得以简化。

○ 提高关键点决策质量：对流程的过程和环节进行审视，评估出影响流程目标质量的关键点，对关键点的执行予以关注或提供质量控制标准，以保障流程质量。如规划设计、产品研发等流程的质量控制体系。

● 基于战略(Strategy)的流程重构

通过基于过程的提升，可以保障流程的过程合理高效。然而，当企业的战略发

生变化之后,我们的流程还能通过优化满足企业的战略调整吗?答案是可行的,方法是:基于流程目标、流程责任人以及流程绩效等维度重新调整和改造流程,以适应企业的战略调整。

除此之外,推荐一种实施策略——标杆管理策略。战略的制定一般是有诸多原因的,可以通过标杆管理的方式快速学习和赶超,即将本企业相关领域的活动与从事该项业务活动的标杆企业进行比较,确定行动策略,弥补自身的不足。最著名的案例是,华为通过引进 IBM 的 IPD 集成设计流程,大大提升了企业的核心技术能力。

基于绩效、过程或战略进行流程优化,企业并不是孤立地选择一种方式进行,可以组合多种策略进行,如基于战略的流程重构为主线,然后考虑基于流程的绩效、流程的过程进行优化。

在此需要强调的是,流程优化,并不推荐全面优化,企业可以根据实际情况选择核心的业务流程逐步优化提升。核心流程是对创造顾客价值最为重要的部门或者作业环节,如产品设计、项目建设、顾客洽谈、销售签约、售后服务、项目交付等流程,它们直接关系顾客的满意程度与愉悦度。与此相对应,诸如融资、预算、人力资源管理、信息系统等流程属于辅助流程,对核心流程起支持作用,它们与提高顾客满意度是一种间接的关系,对于辅助流程,只需要保障顺畅的运行即可,企业不必投入过高的成本进行优化和提升。

持续改进是组织的一个永恒的目标,流程优化是其中很重要的一项工作。在流程管理体系中,改进是指流程质量、过程及体系有效性和效率的提高,包括:了解现状、发现问题;建立目标;寻找、评价和实施解决办法;测量、验证和分析结果,把更改纳入流程(或文件)等活动。最终形成一个 PDCA 循环,并使这个环不断地运行,使得流程不断优化,组织能够持续改进。

2.3.6 流程的文化

"文化"这个词经常被大家感觉是一个比较虚的概念,但它恰恰是流程体系中最重要的元素。因为再好的管理机制、流程体系,如果没有适合的文化,都无法有效和长久地运行。原因是,如果员工不认同流程文化,那他一定是被动地接受流程管理工作,如果大部分员工都不认同流程文化,流程管理工作一定会受到阻碍或者无法推行。

工作中我们常说要达成共识,这个共识其实就是指的文化观念。如果团队成员之间有了共同的文化观念,那么在推行流程管理时如果出现了问题,团队成员很容易就会采取有效的应变措施来适应环境的变化,共同协作,提升企业的运营绩效。

流程文化一般包括以下几个内容:

1) 以客户为中心

企业的使命是为客户创造价值,客户是企业生存的基础,所以企业应当把满足客户的需求和期望放在第一位。但要真正将客户导向变成一种习惯,形成在工作中的一种态度、一种意识、一种做事方式还有一个漫长的过程。因为现实生活中,我们是生活在部门导向的环境中,客户的压力是间接的,而部门的压力是直接的,我们会不自觉地把客户遗忘。

为此,以客户为中心的文化除了宣传、培训之外,更要有文化落地的举措,包括制度的规定、绩效的考核等。

2) 目标导向

跨部门的流程通常会被不同部门、岗位分割开来,每个人只是负责其中的一小段,我们把这一小段称为任务。任务导向会出现非常明显的部门导向和岗位导向,员工各自为政,他们只会孤立地看待自己所要完成的任务,而完全不去思考、不去关注,也不理会流程最终的目标及流程客户的需求。

目标导向就是流程团队在管理流程的过程中,能够从流程的目标出发去共同设计流程、优化流程,解决流程中的问题,保证流程中各环节能够方向一致,保证流程目标的实现。

目标导向的关键在于提升流程团队的业务理解能力,让大家能够站在流程整体的高度去系统思考,能够完整地理解流程,并充分把握流程管理的本质。

3) 公司导向

公司导向和流程导向是一致的,都是要告诉大家追求整体最优,而不是局部最优。公司导向的理念应当是可以被公司大多数员工所接受的,至少没有人敢站出来反对它。但要让大家在工作中去实施,则需要不断地进行引导。

4) 创新进取

流程管理的理念就是一种创新,需要我们打破固有的职能导向思维模式,从流程、价值及客户的角度去看待我们的工作。需要我们善于突破原有的工作范式,本着一切都是可以改变的原则去重新设计或优化我们的工作。

缺乏创新,流程优化就很难获得突破性改善,缺乏进取精神,流程管理就会缺乏追求卓越的动力。

2.4　项目的开发周期及阶段

本书主要内容是针对建设开发项目阐述标准化管控的方法,那么,首先就要了解一个建设开发项目的周期和各阶段主要工作。

项目的开发周期是指从提出投资设想,经过前期论证、投资决策、建设准备、建设实施、项目销售、物业运营、项目交付等所经历的全过程。

项目的开发周期是按顺序排列而有时又相互交叉的各项目阶段的集合,包括项目从开始到结束所经历的各个阶段。为了顺利完成工程项目的投资建设,通常要把一个工程项目划分成若干个工作阶段,以便更好地进行管理。每一个阶段都以一个或数个可交付成果作为其完成的标志。可交付成果就是某种有形的、可以核对的工作成果。可交付成果及其对应的各阶段组成了一个逻辑序列,最终形成了工程项目成果。

通常,项目的开发周期可划分为四个阶段:项目策划和决策阶段、项目准备阶段、项目实施阶段和项目收尾阶段,如图 2-7。

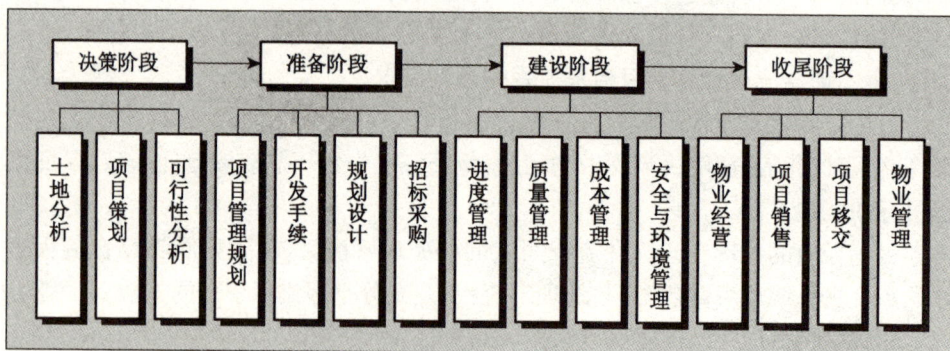

图 2-7　建设项目的开发周期及阶段

1) 项目策划和决策阶段

这一阶段的主要工作包括:投资机会研究、土地分析、项目策划、可行性研究及决策等。该阶段的主要任务是对工程项目投资的必要性、可能性、可行性,以及何时投资、在何地建设、如何实施等重大问题,进行科学论证和多方案比选。本阶段虽然投入少,但对项目效益影响大,前期决策的失误往往会导致重大的损失。为保证工程项目决策的科学性、客观性,可行性研究和项目评估工作应委托高水平的咨询公司独立进行,但应由不同的咨询公司来完成。

该阶段的工作重点是对项目投资建设的必要性和可行性进行分析论证,并作出科学决策。

2) 项目准备阶段

该阶段的主要工作包括:工程项目征地及建设条件的准备,项目管理规划,工程项目的初步设计和施工图设计,货物、工程招标及选定承包商、签订承包合同等。

本阶段是战略决策的具体化,在很大程度上决定了工程项目实施的成败以及能否高效率地达到预期目标。

该阶段的工作重点是准备和安排项目所需的建设条件。

3) 项目实施阶段

该阶段的主要任务是将建设投入要素进行组合,形成工程实物形态,实现投资决策目标。在这一阶段,通过采购、施工等活动,在规定的范围、工期、费用、质量内,按设计要求高效率地实现工程项目目标。

本阶段在工程项目建设周期中工作量最大,投入的人力、物力和财力最多,工程项目管理的难度也最大。

4) 项目收尾阶段

该阶段的主要工作包括:物业经营、项目销售、工程项目的联动试车、试生产、竣工验收、项目移交等。工程项目试生产正常并经业主方(或其委托的咨询公司)验收合格后,工程项目实施阶段即告结束。从工程项目管理的角度看,在项目后续运营期间,主要工作有工程的保修、回访、相关后续服务、项目后评价等,仍属于项目管理的范畴。

项目后评价是指对已经完成的项目的目的、执行过程、效益、作用和影响所进行的系统的、客观的分析,一般在项目竣工验收后 1~2 年内进行。它通过对项目实施过程、结果及其影响进行调查研究和全面系统回顾,与项目决策时确定的预期目标以及技术、经济、环境、社会等相关指标进行对比,找出差别和变化,分析原因,总结经验,吸取教训,得到启示,提出对策建议,通过信息反馈,改善并提高投资管理和决策的水平,达到提高投资效益的目的。

根据工程项目复杂程度和实际管理的需要,工程项目阶段划分还可以逐级分解。后续章节将以房地产开发的核心流程——运营流程(二级流程)为主线,结合上述几个阶段的主要工作内容,分别阐述流程管理的方法和要点。

第3章 项目的决策

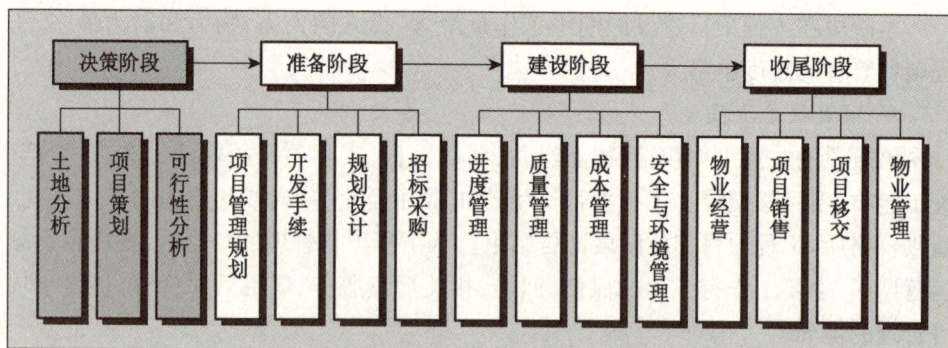

项目决策是选择和决定投资方案的过程,是对拟建项目的必要性、可行性进行技术经济论证,并对不同建设方案进行比较和判断,最终做出决定的过程。

项目决策阶段的主要工作包括:土地分析、项目策划、可行性研究。

3.1 土地分析

获取土地是项目开发的第一步,它为以后的项目建设和项目运营提供基础,是开发费用中极为重要的组成部分,因此,土地分析是项目决策阶段的重要工作。

目前,用于房地产开发的土地应是国有土地,国有土地的获取是获得一定期限内的土地使用权,主要通过政府土地出让和从当前土地使用者手中转让两种途径。无论是采取哪种形式获取土地,房地产开发企业在受让土地前都必须对地块做出地价测算。尤其在参加招拍挂前,特别要做好此项工作。

土地分析的工作流程如图 3-1。

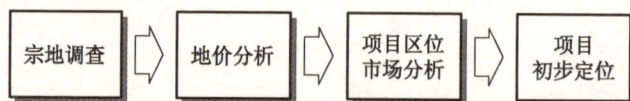

图 3-1 土地分析的工作流程

3.1.1　宗地调查

1）地理位置

● 项目宗地位置：附地图表示

● 四至范围：东至＊＊，西至＊＊，南至＊＊，北至＊＊；其中，应分析现状市政道路路宽，几条车道；规划道路、桥梁要注明建成时间；还要说明主要人流车流方向，以及有无公交站点。

2）宗地现状

● 原用地性质

● 地质、地理情况

● 地上、地下情况

● 宗地形状

3）了解地块一级开发交地条件

● 宗地开发程度

● 地上物拆迁情况

● 渣土清运

● 场地平整、七通一平等情况

● 出让年限

● 宗地项目开发建设期限

4）周边环境

● 交通：要标明距离宗地的距离及行车时间（如距离市中心、高速公路口、机场、火车站等）

● 日照分析

● 配套设施情况

● 其他项目情况

● 对项目的不利影响：如噪声影响、景观影响等

5）宗地规划条件

● 用地性质

● 总用地面积、规划建设用地面积

● 代征城市公共用地面积

● 建筑控制规模

● 容积率、绿地率

● 建筑密度、建筑控高

● 建筑退线要求

6）政府配套设施建设要求

● 配套公共设施：最好标明城市未来发展方向（特别对于新区的宗地）

● 保障性住房配建比例

● 销售限价

● 拆回迁安置房等

上述内容参见表3-1。

表3-1　项目宗地概况调查表（示例）

位置	区域位置		所在区		
	四至范围				
地段及等级					
现状	地形地貌				
	地下情况				
	待动迁情况	需要安置或动迁的居民	户	涉及单位	个
			人		其他
交通	公交线路		在宗地及其周边的起始站		
	轨道交通		距宗地最近的站点		
	快速干道		市中心距宗地最快可达线路		
	其他				
现状公共服务设施（距宗地3 000米范围内列明数量、名称、距离）	教育设施（数量）	小学			
		中学			
		大专院校			
		幼托			
	商业网点	综合商场		超级市场	
		农贸市场		其他	
	银行				
	邮局				
	文化体育	公园		运动场馆	
		图书馆		游泳馆	
		其他			
	医院				
大市政配套					
周边环境					

在分析了以上六大核心要素之后,再对项目地块进行 SWTO 分析总结,并得出结论。

表 3-2　项目宗地 SWTO 分析表(示例)

Strength 优势	Weakness 劣势
S1. 先天可开发素质较好,土地平整 S2. 空气清新,环境好 S3. 天然水景优势,提升项目品质 S4. 项目周边无类似规划产品,竞争优势明显 S5. 周边建筑无遮挡,有利项目整体采光 ……	W1. 临近交通主干道,有噪音干扰 W2. 区域交通较差,出行不够便利 W3. 基础配套设施不完善,购物不够便利 ……
Opportunity 机会	Threat 威胁
O1. 规划前景看好 O2. 未来区域人口增加,项目氛围提升 O3. 企业单位增加,消费水平上升 ……	T1. 产业区建设带来噪声、粉尘等污染隐患 T2. 外来打工人群多,导致区域人员复杂 T3. 临近区域同时发展,对项目客群有一定分流 ……

总之,市场上没有完全相同的两块土地,因此,每块土地都应该充分挖掘其内在价值,除了分析现状,还要看到土地的未来价值、文化价值、历史价值等,这样才能真正做出符合市场、价值最大化的产品。

3.1.2　地价分析

1) 出让方式下的地价分析

以协议出让方式获取熟地土地使用权时,土地出让地价款由土地出让金、土地一级开发建设补偿费和基础设施建设费构成。

以协议出让方式获取毛地土地使用权时,土地出让地价款由土地使用权出让金和城市建设配套费构成。获取此类土地使用权的开发商,需要进行房屋拆迁等土地一级开发活动,并相应支付城市房屋拆迁费用。

土地出让地价款的金额由土地所属城市、地区、地段、土地用途及使用条件等许多方面因素决定。许多城市对土地制定了基准地价,具体宗地的土地出让地价款,要在基准地价的基础上加以适当调整而确定。

以招拍挂出让方式竞得土地,还需分析标书中地价款所包含内容,供地进度、地价款交付进度、遗漏项等。

2) 转让方式下的地价分析

建设项目用地熟地价,按政府收取的建设用地地价款和土地开发建设补偿费合并支付。

政府收取的建设用地地价款包括：建设用地范围内的基础设施建设费（含基础设施建设费和四源费）、土地出让金。注意其中不包含代征地的基础设施费和土地出让金。

土地开发建设补偿费包括：土地一级开发完成该宗地范围内征地、拆迁、大市政建设、渣土清运、场地平整、入市前咨询及评估等前期工作、提供"七通一平"条件应获得的补偿费用。

3）项目收购方式下的地价分析

进行股权收购时，要把握项目价值，即该宗股权所控制的所有实体资产价值扣除其承担的所有负债后的净额。具体内容为：

● 分析认定资产的权属

对股权所对应的主要实体资产，即开发过程中的土地、在建工程、已完工程及其他资产进行认定。

对现金及债权债务的处理，可在交易内容之中一并转让；也可从项目中剥离，使股权交易变成净实体资产转让，交易涉及的法律关系简单，收购方更易后续经营。

公司债权债务继续由股权变更后的项目承续的，一般也要由各方当事人办理重新确认手续。

确定交易股权包含的资产范围后，须对所属资产进行价值评估。评估前须对被收购股权本身权属，项目所属资产权属进行界定。

对于股权权属确认，主要依照合法的工商、税务等注册证照，中介验资报告，出资协议及公司章程等内部法律文件确认；土地、房产等实体资产权属依照土地证、房产证等登记权证，交易合同等确认是否归属项目所在公司。

对于存在他项权利及共有权利人的，还应与有关权利方达成妥善的法律处理方案。

对于项目，在建工程须具备项目立项文件、规划许可证及施工许可证，在售房产须有销售许可证及验收文件等。确保法律文件的完备性，以保证项目收购的合法性。

● 进行价值评估

明确资产权属界限后，须对所涉及的实物资产进行价值评估。

不同评估方法，对同一资产评估得出的结果并不完全相同。为使评估结果合理准确，应采用收益现值法、重置成本法、现行市价法及其他评估方法等分别评估，对结果进行相互修正，确定一个最为合理的数据作为评估金额，为交易提供参考依据。

资产评估价值扣除所承担负债后的净额折算到相应的股权,即可得出该宗股权的价值。

● 分析确定转让价格的其他因素

对资产的评估价值,要调查、参考历史的成本投入,更要确认标的资产在交易时点的现有价值金额,并确认土地证发放日期及土地剩余使用年限。

房地产形势的变化,使得股权转让时,项目所属房地产评估额可能低于账面成本投入,也可能高于成本金额。对股权的增值与否,尤其对低价取得土地的项目,要做走向分析。

由于实物资产不随股权转让而产生权属转让,如果公司销售实物,实现资产增值的经济利益,按税法规定须缴纳额度较大的相关税金,税后剩余部分才能归属项目股权人所有。

对股权交易计价时,在评估价的基础上还要参考税收、规划条件、后续经营形势、付款安排、所承担额外义务及其他多种因素来确定最终的交易价。

4) 政府划拨土地地价分析

政府划拨属于无偿获取国有建设用地等使用权,而且无使用期限,但是未经批准不得转让、出租、抵押。

对划拨土地进行费用分析时,要考虑到周边不利因素,并争取随开发进度阶段性付款等。

3.1.3 项目区位市场分析

项目区位的市场分析内容包括:区域政策分析、区域规划、区域经济走势、区域投资环境、发展潜力等。同时要结合国家经济发展,从房地产行业发展的角度进行宏观决策分析。

1) 市场调研

从宏观经济增长状况、政策投资环境、市场需求容量、当地消费倾向偏好以及竞争情况等方面进行市场调查。

2) 市场分析

房地产市场按区域房地产市场、专业房地产市场、项目房地产市场三个层次分析。

● 区域房地产市场分析

研究区域内所有物业类型及总的地区经济,对某一特定地区总的房地产市场及各专业市场总的供需进行分析。要包含地区区位分析、市场供求与价格概况分析、市场趋势分析等内容。

● 专业房地产市场分析

在区域房地产市场分析的基础上,对专业市场的供求进行单独的估测。

● 项目房地产市场分析

对特定地点特定项目做竞争力分析,得出一定价格和特征下的销售率情况,对项目的租金及售价进行预测。

要侧重项目竞争分析、营销回报率预测、敏感性分析等内容。

3.1.4　项目初步定位

在规划意见条件下,综合地块情况,确定开发的项目定位,进行初步规划、初步定价、拟定项目建设计划等。

1) 确定项目定位

依据市场分析,明确市场定位,确定商业地产、住宅地产的业态组合,对项目产品进行定位。并对规划条件中规模、用途、限高、市政条件限制、文保限制等方面的合理性和可操作性进行评定。

2) 进行土地的初步规划

● 提出产品主题、设计风格、设计特点等
● 确定主要产品类型及不同类型产品的比例
● 公共配套设施配置方案

3) 进行初步定价

依据商务分析论证、产品定位、开发成本、市场分析等进行初步定价。

4) 编制项目建设计划

对项目建设周期分阶段进行安排,制定阶段性里程碑,编制综合计划及实施进度表,确定项目开发周期、各期开工面积、开竣工及交付时间等。

3.2　项目策划

项目策划是项目开发前,针对最大限度地挖掘土地潜在价值所进行的项目开发的筹划、谋划。项目前期策划的主要内容如图 3-2。

市场策划 ⇒ 投资策划 ⇒ 产品策划

图 3-2　项目前期策划的工作流程

策划工作的开展要站在土地开发的角度和立场上,以求证过的市场分析为依据,对未来可能面临的市场需求变化,在正确的营销理论、准确的项目定位指导下,勾画出客观的、科学的、可操作的项目蓝图。

3.2.1　市场策划

策划的起点是调研。房地产开发没有完全相同的项目，每一个项目都有各自的特点。项目策划要坚持"没有调研就没有发言权"。项目策划阶段的市场调研，主要是摸清本项目的轮廓和成熟周期。

策划的依据要面对市场趋势，工作核心是要挖掘需求与项目内在的联系。只有建立起可支配的地产资源与市场需求之间的联系，才能占领市场。

1）市场调查

市场调查是房地产企业为实现特定的经营目标，通过搜集、分析、整理有关的信息资料，准确地把握和科学地预测市场的现状和未来趋势，为企业的正确决策提供科学的依据。

● 市场调查的原则

市场调查应遵循如下基本原则：

○ 准确性原则

调查资料必须真实地、准确地反映客观实际。科学的决策建立在准确的预测的基础之上，而准确预测又应依据真实的市场调查资料。只有在准确的市场调研资料的基础上尊重客观事实，实事求是地进行分析，才能瞄准市场，把握市场，做出正确的决策。调查资料的准确性取决于以下三个方面。

＞市场调研人员的技术水平。调查人员的技术水平决定了他们在调查中技巧的使用水平，对问题的敏锐程度，对整体调查方案的理解程度，以及资料的筛选、整理、分析水平等。

＞市场调研人员的敬业精神。市场调研在大多数情况下是一项很辛苦的工作，并不是简单地翻阅报纸、发发问卷，或者随便找个人谈谈话那样轻松。大多数情况下，市场调研的需求都是在影响决策的诸多因素均不明朗的情形下产生的，因而市场调研人员必须具备一种科学的态度、敬业的精神才能做好。浅尝辄止的工作态度是做不好市场调研的。

＞资料提供者是否持客观态度。被调查对象是否持客观态度，是否说出他们内心真实的想法，会直接影响到调研结果的准确性。在现实生活中，人们有时会言行不一致。而市场调研人员往往并没有考虑到这一点。有时完全听取消费者的意见可能会有欺骗性，但又不能忽视消费者的意见。怎么办？解决问题的关键是要很好地理解顾客，要清楚地判断他们所说的话是否是他们心里所想。而这样做的方法就是最大限度地利用多种信息渠道，利用多方面的资料信息相互验证，并予以科学判断，以提高调查资料的真实性。

○ 时效性原则

一份好的调查资料应该是最新的。因为只有最新的调查资料,才能反映市场的现实状况,并成为企业制定市场经营策略的客观依据。在市场调研工作开始进行之后,要充分利用有限的时间,尽可能在较短的时间里搜集更多的所需资料和信息,避免调查工作的拖延。否则不但会增加费用支出,而且会使决策滞后,贻误时机。因此,市场调研应该顺应瞬息万变的市场形势,及时反馈信息,以满足各方面的需要。

○ 全面性原则

这一原则是根据调查目的,全面系统地收集有关市场经济信息资料。市场环境的影响因素很多,既有人的因素,也有经济因素、社会因素、政治因素等,甚至有时国际大气候对市场环境也有较大影响。由于各因素之间的变动是互为因果的,如果单纯就事论事地调查,而不考虑周围环境等因素的影响,就不能把握事物发生、发展甚至变化的本质,就难以抓住关键因素得出正确的结论。这一点,在房地产市场调研方面体现得尤为突出。房地产开发不可能离开一个城市的社会、经济发展,因此一个完整全面的市场调查应包括宏观的背景情况,如社会政治经济环境、自然环境、区域因素以及整个市场的物业开发量、吸纳量、需求量、总体价格水平、空置率等内容,还应包括对消费者的调查、对竞争对手与竞争楼盘的调查等内容。

○ 针对性原则

对于特定项目的市场调研,还应遵循"针对性"原则。比如在房地产市场调研中,不同物业的目标客户群体是不同的,不同客户群体对房屋的偏好各异,比如中等收入家庭购房时更关注价格,而高收入家庭购房时则会更注重环境与景观等。市场调查的目的,就是要准确把握住不同客户群体间方方面面显著或是细微的差别,最终抓住目标客户群,这也是物业销售成功的关键之一。

○ 创造性原则

市场调研是一个动态的过程,虽然有科学的、程序化的步骤,但任何环节都需要创意的帮助,市场调研的创造性思维应贯穿于整个调研设计和实施过程中。有创意的调研人员,总是能十分敏锐地捕捉那些有价值的信息,并深入地挖掘它们。创造性调研的特点之一,是根据调研中发现的有价值的信息,提出一个很有创意的假设,然后运用各种调研方法进一步去证明这种假设是否确实存在;创造性调研的特点之二,是抛开那些传统的、先入为主的思维方式,采用准确、直接的调研新手段、新方法。

调研的创造性实际上是市场调研最有价值的特性,是调研人员营销知识、调研技术、思维能力的综合体现,当然也是有效市场调研最有力的保障。有创意的调研总是来自调研人员对市场的把握、对营销的理解,以及对调研技法的精通。

● 市场调查的步骤

○ 提出问题、明确目标

市场研究意义重大,其中一个重要的作用就是帮助人们确定需要解决的问题。只有当需要研究的问题被仔细、准确地定义以后,才能设计研究计划,获取切合实际的信息。在对需要研究的问题进行定义的过程中,确定所要研究项目的目标也是一项重要的工作。每一项目应含有一个或多个目标。在这些目标未被明确建立之前,是无法进入下一步研究的。

房地产市场调研也不例外,市场调研的任务是为营销决策提供信息,帮助决策者们发现并解决营销问题,所以调研人员必须牢记调研是为营销服务的,其目的是发现问题并解决问题,任何偏离主题的调研都不能成为有效的调研。因此,在每次起草调研提案之前,调研人员首先要知道自己要做什么,要对调研目的与目标十分明确。

○ 制订调查计划

调查计划的内容包括:确定所需要的信息和类型,确定收集资料的方法和途径,确定信息来源,确定调查时间及费用安排等。

○ 进行市场调查

即按照调查计划的时间、方法、内容进行资料的收集。

房地产市场调查所需的资料,可分为第一手资料和第二手资料两大类。第一手资料是指需要通过实地调查才能取得的资料,取得这部分资料所花的时间较长、费用较大。第二手资料是指企业内部记录或已出版的外部记录,取得这部分资料比较容易、花费较少。在实际调查中,应当根据调查方案提出的内容,尽可能组织调查人员收集第二手资料。收集第二手资料,必须保证资料的时效性、准确性和可靠性。对于统计资料,应该弄清指标的含义和计算的口径,必要时应调整计算口径,使之符合调查项目的要求。对于某些估计性的数据,要了解其估算方法和依据以及可靠程度。对于某些保密的资料,应当根据有关保密的规定,由专人负责收集、保管。

经常遇到的情况是,为解决问题所需的资料并不能完全地从内部记录或已出版的外部记录中获得,即不能完全地从第二手资料中获得,因此研究必须以第一手资料为基础。收集第一手资料常要回答下面几个问题:是通过观察实验还是询问来获得资料;问卷采取封闭式还是采取开放式结构;是将研究的目的直截了当地告诉被访者还是对他们隐瞒研究的目的。类似的问题还很多,上述几个问题是在研究过程中必须回答的基本问题。

在收集第一手资料的过程中,还必然伴随着对调查样本的设计和样本的采集。

在房地产市场调查中,广泛采用的是抽样调查法。因此,研究人员在样本设计过程中必须考虑调研总体、样本单位、抽样设计、样本规模等因素。

　　○ 信息处理

对所收集的信息进行编辑、加工、分类、归档,从中提炼出与调查目标相关的信息。

　　○ 编写调查报告

调查研究报告是要归纳研究结果并得到结论,提交给管理人员决策使用。很多主管人员都十分关心这一报告,并将它作为评价研究成果好坏的标准。因此,研究报告必须要写得十分清楚、准确。无论你的研究做得多么深透、高明,如果没有一份好的研究报告,都将会前功尽弃。

其内容一般包括:调查的目的、对象、范围、方法和时间,摘要,正文,结论与建议。

编写房地产市场调研报告,还应当注意:坚持实事求是原则,调研报告要如实反映市场情况和问题,对报告中引用的事例和数据资料,要反复核实,必须确凿、可靠;要突出重点,报告的内容必须紧扣调查主题,突出重点;结构要条理清楚,语言要准确精练,务必把所说的问题写得清楚透彻;结论明确,调查结论切忌模棱两可、不着边际;要善于发现问题,敢于提出建议,以供决策参考,结论和建议可归纳为要点,使之更为醒目。

　　● 市场调查的内容

　　○ 环境调查

包括:政治法律环境(如政府政策、土地供应、财政政策、税收、项目审批等)、经济环境(如地区收入水平、物价水平、通信及交通运输、能源与资源供应等)、文化环境(人口数量、职业构成、文化水平、风俗习惯等)。

　　○ 市场态势调查

包括:地区房地产的发展态势(潜在的房地产的需求量、价格、地段分布与发展趋势),现货房的价格、数量、地段分布等。

　　○ 同类项目情况调查

包括:同类产品的供应量或销售量、竞争者的情况(数量、项目名称、市场份额、价格策略、销售策略等)。

　　○ 消费者调查

包括:消费者类别、购买能力、购买习惯,购买者的民族、所在地区、影响购买决策的因素等。

　　○ 拟开发场地调查

包括:区位、交通条件、基础设施配套情况、场地上各类建筑物和构筑物的现状、备选场地的规划条件(容积率、建筑密度、建筑高度、配套公共设施、开发期限等)、技术条件(土壤、地形、地貌、水文地质情况和场地方向)。

● 市场调查的方法

受房地产行业特殊性的影响,许多传统调查方法并不适合地产调研,在许多情况下,某个地产调查内容需要多种调研方法来解决,常用的方法有间接调查、实地调查和问卷调查。

○ 间接调查

利用企业内部和外部现有的信息、情报资料及简单的初步摸查,进行资料收集、整理并予以分析的方法,称为间接调查法。间接调查为实地调查提供大量经验数据和背景资料,有利于制订清晰而行之有效的调研计划。

○ 实地调查

受房地产地域性、不动产的物理性影响,实地调查是房地产调查中掌握第一手资料最常用、最重要的方法。一般包括计划、准备、实地调查、资料整理等几个步骤。

○ 问卷调查

在房地产领域,问卷调查得到广泛的应用,但由于客户的特殊性,在具体设计问卷时要注意以下事项:

＞ 问卷设计应符合消费者心理;

＞ 问题要简短,一般不超过 30 个问题;

＞ 问题排序必须按普通人的思考顺序,由简单到复杂,由表面直觉到深层思考;

＞ 关于受访者本身的问题,不宜放在问卷开头,如教育程度、经济收入、家庭结构等。

2) 市场分析和预测

市场分析和预测是在市场调查的基础上进行的,市场分析重在分析,而不是简单的数据罗列。分析和预测的方法主要有定性和定量两种。

● 定性分析和预测

根据市场调查的信息资料,利用人们的经验、专业知识、分析能力,通过主观判断,分析项目的未来状况,如发展趋势、各种可能性和后果。

● 定量分析和预测

根据收集的现在和过去的历史数据,建立数据模型,定量描述未来开发项目的状态和趋势。

3) 项目定位

项目定位是市场调查、市场分析和预测的目的,也是在完成上述两项工作的基础上进行的,其主要内容包括:项目的目标市场细分、区位选择、客户定位、项目的主题定位、规划定位、营销定位以及物业服务定位。

● 项目的目标市场细分

在市场调研和预测的前提下,针对项目的目标市场,根据消费者的不同需求,划分不同的目标客户人群的过程,包括:人口细分、心理细分、行为细分、地理细分、利益细分等。

● 区位选择

项目开发是从土地的选择开始的,土地的价值直接影响到项目开发的成败。项目的区位选择要考虑城市的规划因素、区位的因素和人口流向因素。

● 客户定位

客户定位是指通过目标市场细分而划分不同的客户人群,依据项目确定的区位和项目主题,选择项目特定的目标客户。其内容包括:明确目标客户,分析目标客户的需求特征、消费偏好和可支付能力。

● 项目的主题定位

项目开发要围绕一定的主题进行。项目的主题是项目特殊优势和独特性的表达,也是项目区别于其他项目的卖点所在。

● 规划定位

规划定位的过程是对开发项目进行形态定位和功能定位的过程。包括规划设计理念定位、项目总体规划设计定位、建筑风格定位、景观设计定位等。

● 营销定位

营销定位的内容有创造市场、差异化思维和操作、全面整合推广、以客户为导向、提升项目价值。

● 物业服务定位

选择高质量的物业管理公司,可以增加客户的满意度,提升项目的品质和价值,也为企业的品牌树立良好的口碑。

3.2.2 投资策划

投资策划是项目开发过程中最为关键的环节,主要从以下几个方面来把握:

1) 选择好项目投资时机

对于地产开发商来说,时机的把握是非常重要的,由于一个项目的开发通常需要较长的时间,时机的把握可以采用以下两种方式:

● 反周期运作

市场在一定程度上是有周期波动的,有高潮和低谷。所谓反周期运作就是在市场低潮时入市,在市场高潮时审慎。低潮时,可供选择的项目多,竞争对手少,开发成本低;而市场高潮时则相反。

● 逆向思维运作

例如,很多开发商争着去做的项目最好不做;相反,别人不想做的项目考虑去做。

2) 取得好的开发地块

土地是项目开发的前提,而土地价值的发现是最重要的事情,选择地块时应注意以下几点:

● 要与企业规模及发展战略相适应

● 要与拟开发的项目定位相吻合

● 土地未来要有升值的潜力

3) 做好投资分析

投资分析一般包括:可行性分析、项目评估和项目经济评价三方面的内容。

一般来说,市场前景好的项目,经济效益也是比较好的。但有时,看似前景不太好的项目,经过精心策划和市场运作,也会有不错的经济回报。因此,扎实和理性的投资分析对避免项目投资的差错会起到很大的作用。

4) 筛选好投资方案

一般来说,应列出几个投资方案来供企业的高层决策,依据市场研究的结论,经过权衡和分析,从中选择最优方案。

5) 选择好融资方式

地产项目的开发需要大量的资金投入,因此,开发企业的背后离不开金融的支持。项目的融资要注意以下几方面的内容:

● 确定合理的融资规模

根据开发项目的规模、建设周期、销售情况合理确定资金的需求量。同时,根据开发项目对资金使用的时间要求,按年度、季度、月份合理分解资金需求量,确定融资、投资、回收的节奏,加快资金的周转速度。

● 选择合适的融资方式

开发企业除自有资金外,融资渠道和融资方式也根据企业和项目的规模有所不同,一般的融资方式有房屋预售款、抵押贷款、借款、社会集资、融资性租赁(如电梯、空调等设备)、合资、合作开发、企业债券、银行授信、发行股票等。

● 优化资金结构

通过融资进行项目开发应注意两点:一是要确保投资利润率高于资金成本率;二是负债和企业的资本金要比例恰当,负债过少,可能会制约企业的发展,负债过多,会有较大的财务风险。

● 保持充足的流动性资金

开发建设的进度与流动性资金直接相关,没有充足的流动性资金,项目的开发建设就无从谈起。

3.2.3 产品策划

对产品的策划是要挖掘项目的先天价值,赋予项目后天价值,以项目的定位为指导,对项目地块进行总体布局,确定建筑风格、建筑造型、建筑空间,同时围绕着目标客户的需求,进行个性化、人性化设计,提升项目的品质。另外,在规划设计中还要考虑产品的包容性,为市场的变化给产品预留可调空间。

1)概念设计

概念设计亦称项目的主题策划,是项目市场定位的延伸与具体化,是整个规划设计的灵魂所在,也是整个项目的总体指导思想的分解和支撑。

2)规划布局

有了规划理念、市场定位、客户定位、客户需求分析等要素后,要最终落实到项目开发中去,需要通过项目的总体规划设计方案来体现,总体规划布局包括以下六个方面:

● 项目地块分析

首先要分析项目所属区域的现状,主要指与项目有关的社会、经济发展状况,如环境、文化、教育、卫生、交通等,以及与项目整体配套的周边市政设施情况。其次要分析项目自身的情况,包括自然环境、地容地貌、设计理念、项目的要求、各项规划设计指标的统计与分析。

● 建筑的空间布局

包括项目总体规划平面设计及说明、项目功能分区示意及说明。

● 道路系统布局

包括地块周边城市道路,地块范围内部道路,消防车道及回转区域,小区主要出入口,人车分流方案及示意,地面停车场、地下车库布局与说明。

● 绿化系统布局

包括项目的整体绿化布局、公共场所绿化及景观、景点、园艺特点和分析说明。

● 公建与配套系统

包括学校、幼儿园、超市、银行、邮政、会所、物业管理用房、体育场(馆)、娱乐、变配电室、垃圾收集与处理等的布局与说明。

● 分期开发策略

根据地块的价值与用途,制定合理的分期开发策略。

3)建筑单体设计

● 建筑单体体量

建筑单体的设计直接影响项目的整体空间布局和建筑物的日照要求,也直接影响建筑的使用要求和消防要求。

● 建筑单体高度

建筑的高度决定了建筑物的结构形式及建安成本的高低,因此,应综合考虑。

● 建筑单体造型

建筑的造型对日照、周边环境、景观、视觉感受都有决定性的影响。

4)建筑风格

建筑风格主要是指:外形的选择(古典、简约、现代等)、色彩的选择、外部空间与内部空间的融合等。

5)景观设计

景观设计的优劣直接决定了项目的感官品质,因此,无论是开发商还是客户,都越来越重视项目的景观设计。

一般情况下,景观设计应遵循如下原则:

● 坚持地域性原则

景观设计应融合当地的文化、历史、自然资源和本土特色。

● 以人为本

坚持可持续发展的理念,低耗、节能、健康、舒适,打造人与自然和谐共生的理想环境。

● 文化性、艺术性

通过环境艺术不仅表现历史文化的延续性,还要体现自然、舒适、怡人的感官效果。

在对市场、投资、产品的策划进行综合平衡的基础上,通过系统梳理形成项目策划报告,经内部审核确定后,作为项目整体开发执行的依据。在今后的实际操作中若出现品质提升、市场变化等不定因素需调整,应结合其调整幅度进行相关审批、决策。

3.3　项目可行性研究

项目可行性研究的任务是通过对拟建项目进行投资方案规划、工程技术论证、经济效益分析,经过多方案比较和评价,为项目决策提供可靠的依据和可行的建设方案,并明确回答项目是否投资和怎样投资。

可行性研究的基本要求主要有:

● 预见性

可行性研究不仅应对历史、现状资料进行研究和分析,更重要的是应对未来的市场需求、投资效益进行预测和估算。

● 客观公正性

可行性研究必须坚持实事求是,在调查研究的基础上,按照客观情况进行论证和评价。

● 可靠性

可行性研究应认真研究确定项目的技术经济措施,以保证项目可靠性,同时也应否定不可行的项目或方案,以避免投资损失。

● 科学性

可行性研究必须应用现代科学技术手段进行市场预测,运用科学的评价指标体系和方法来分析项目的盈利能力和偿债能力,为项目决策提供科学依据。

3.3.1 可行性研究的作用

可行性研究报告的作用主要有:

1)投资决策的依据

可行性研究对项目产品的市场需求、市场竞争力、建设方案、项目需要投入的资金、可能获得的效益以及项目可能面临的风险等都要做出结论,是企业投资决策的依据。

2)筹措资金和申请贷款的依据

银行等金融机构一般都要求项目业主提交可行性研究报告,通过对可行性研究报告的评估,分析项目产品的市场竞争力、采用技术的可靠性、项目的财务效益和还款能力,然后决定是否对项目提供贷款。

3)编制初步设计文件的依据

按照项目建设程序,初步设计文件必须在可行性研究的基础上,根据审定的可行性研究报告进行编制。

4)与项目参建方签订合同的依据

可行性研究的结论是项目业主就项目有关的设计、工程承包、设备供应、原材料供应等与有关单位签订合同、协议的依据。

3.3.2 编制可行性研究报告的工作流程

可行性研究报告的编制流程如图 3-3。

图 3-3 编制可行性研究报告的工作流程

1) 组建工作小组

正规的可行性研究报告一般是委托有资质的咨询单位负责编写的。委托单位与咨询公司,就报告编制工作的范围、重点、深度要求、完成时间、质量要求和费用进行沟通,并签订委托协议,据以开展后续工作。

根据可行性研究的工作量、内容、范围、技术难度、时间要求等,组建工作小组。工作小组应包括项目的各个专业人员,必要时可聘请外部专家参与,为使工作小组能够协调开展工作,应有公司的领导担任组长并负责统筹。

2) 制订工作计划

小组成立后,应编制详细的工作计划,计划内容包括:工作范围、进度安排、人员配置等,并征求委托单位的意见。

3) 调查研究收集资料

工作小组按照计划和人员职责范围,分别开展调查、收集资料的工作,包括市场调查、行业调查、项目所在地调查、设计调查、收集项目数据、收集运营数据等。

4) 项目评价

在上述工作的基础上,对项目的规划设计方案、建筑物布局、市政设施、公共配套设施等,进行多方案的技术、经济评价和比较,提出推荐方案。

对推荐方案进行环境影响分析、财务分析、国民经济分析、社会影响分析、风险分析,判断项目的可行性和抗风险能力。

当评价指标的结论不足以支持项目方案成立时,应对原设计方案进行调整或重新设计。

5) 编写报告

经过技术、经济论证和优化后,各专业按照分工编写有关章节,经项目负责人整理汇总后,形成报告初稿。初稿形成后,应与委托单位交换意见,经修改、完善后,形成正式报告。

3.3.3　可行性研究报告的主要内容

投资项目受到投资环境、投资主体、国家及地方政策等多方面的影响,不同的项目具有不同的特点,可行性研究报告的内容也应有所不同。一般来说,报告应包括以下主要内容:

1) 项目基本情况

● 土地现状

○ 项目区位

○ 项目交通

○ 周边配套

○ 项目四至及现状
○ 项目市政条件
● 土地信息
○ 规划条件
○ 出让信息
2) 产品与市场分析
● 区域环境
○ 区域经济环境:项目整体定位、交通规划
○ 区域市场环境:同类项目土地供应及价格,同类项目市场供销存及价格,区域规划及后续供应
○ 周边与竞品项目:地价竞品分析、房产竞品分析、竞品汇总分析
○ 市场分析:产品需求分析、车位需求分析
○ 土地价值判断
● 项目定位
○ 客户定位
○ 整体定位
○ 产品定位
○ 价格定位
○ 操盘策略
3) 合作情况说明
● 合作方情况
● 合作模式
4) 经济效益分析
● 测算前提
● 经济指标汇总
● 分年利润表
● 自有资金现金流量表
● 股东层面现金流量表
● 土地敏感性分析
5) 项目风险分析
● 土地开发风险
● 工程建设风险
● 市场销售风险
● 其他风险

● 市场竞争情况

6）结论与建议

在以上各项分析研究之后,应作出归纳总结,说明所推荐方案的优点,指出可能存在的主要问题和可能遇到的主要风险,做出项目是否可行的明确结论,并对项目下一步工作和项目实施中需要解决的问题提出建议。

第4章 项目的准备

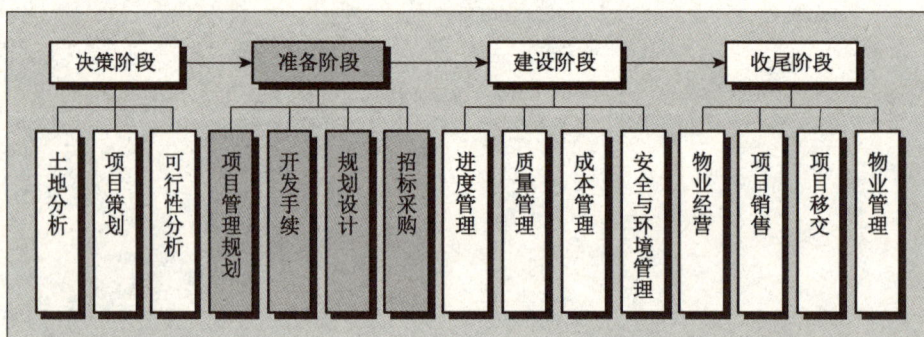

项目准备阶段是指在企业决策完成后,针对项目的一系列准备工作,包括项目管理的规划、开发手续的办理、规划设计、招标采购等。本阶段是战略决策的具体化,在很大程度上决定了工程项目实施的成败以及能否高效率地达到预期目标。

4.1 项目的管理规划

工程项目的管理规划是指为拟建设项目制订一份可操作的执行计划,以确保实现工程项目各项管理目标的活动。其实质是对已了解的项目信息进行集成、整合,根据项目管理的原理,结合项目的具体约束条件对项目实施过程的计划安排。

项目管理规划是全部项目管理工作的行动纲领,是开展管理工作的依据。一个出色的建设工程项目,事前必然会有一个内容全面、逻辑清晰、重点明确的管理规划大纲,并获得各方的认可。

4.1.1 管理规划的主要内容

1) 项目目标

项目目标是项目管理规划的核心,项目管理规划的内容都是为了有效实现项目的目标,因此,确定合理的项目目标是项目规划工作的关键。

● 投资管理目标

项目的投资目标是项目的核心目标。投资目标的确定应是站在项目全周期成本最优的角度来进行评价,而不仅仅是建安成本的高和低,基于此,投资费用目标的估算应综合考虑以下三个方面的内容。

○ 功能成本

设计技术部应在满足投资方、运营管理方需求的基础上明确设计方案,即采用什么样的设计方案和建造标准来满足需求,包括功能需求、效果需求。

功能需求包括:功能分区、写字楼房间数量及面积、商业房间数量及面积、公寓房间数量及面积、酒店房间数量及面积,餐饮、健身房、洗衣房、理发室等配套设施的需求,物业用房、员工宿舍、车位、自动化管理、温湿度、空气质量等。

效果需求包括:建筑的色彩、亮度、风格以及园林环境,室内装修风格、各区域标高的要求、家具配置、艺术品、软装配饰、标志标识、布草方案等。

○ 维护成本

维护成本是指项目在使用过程中发生的运营管理费用、设备维修及保养费用、房屋修复费用等。

要有效降低房屋的维护成本,在方案设计阶段就要对运营管理的便利性、安防设施的合理性、主要设备的耐久性、建筑材料的质量等内容进行综合分析、论证,在价值分析的基础上进行科学决策,做到综合成本最优。

○ 安全成本

任何一个工程项目,确保在使用过程中的安全性是必须要考虑的重要因素,从成本的角度来看主要有两个方面的内容。

＞主要设备的运行稳定性。项目在运行过程中要确保连续、稳定、舒适,如供电系统、电梯系统、UPS系统、空调系统、办公自动化系统、通信系统等,在设备选型、参数设置、产品质量等环节严格技术标准,选用市场口碑好、产品运行稳定、售后服务及时的供应商产品。

＞安防系统的有效性。安防系统的质量直接决定了物业运营、办公环境、信息、财、物等的安全系数水平,因此,在进行投资成本分析时应加大对此部分内容的重视,以确保其安全性。主要包括门锁五金系统、门禁控制系统、保安监控系统、电子巡更系统、车库管理系统等。

● 质量管理目标

在项目管理过程中,有人认为施工的质量目标就是项目的质量目标,也有人认为质量的创优目标(如获得建筑工程鲁班奖)就是项目的质量目标。这些观点都是不全面的,施工质量和质量创优更多的是针对工程实体的质量,这些只是项目质量目标的一部分,除此之外,还应包括使用功能质量、运行维护质量、安全耐久性以及参建单位的工作质量等,它是一个综合性指标,具体包括以下几个方面的内容:

○ 项目投入使用后,其运行的安全度、稳定性以及功能的适用性、环境的舒适性等

○ 工程结构设计及施工的安全性、可靠性

○ 工程项目所使用材料、设备的质量以及它们的耐久性

○ 项目与环境的协调性、运行费用的高低、维护检查的便利性等

○ 参建单位在项目实施过程中的协调配合质量,以及保修期内的服务质量

质量目标贯穿项目的全寿命周期,在项目投资决策阶段、设计阶段、采购阶段、建设阶段、竣工收尾阶段等每个环节,都需要围绕质量目标进行工作。

● 进度管理目标

项目的进度目标是指在达成项目质量目标和兼顾投资目标的前提下,完成工程实体和运营准备所需要的合理时间。项目进度目标是项目总体目标的有机组成部分,进度目标的完成与否不仅直接影响工程项目的交付使用,还关系到整个建设项目的投资效益的实现。

项目管理团队应在项目启动初期,根据管理要求和项目信息,拟定出合理且经济的进度计划(包括多级管理的子计划)。在执行该计划的过程中,检查实际进度是否按计划要求进行,若出现偏差,要及时找出原因,采取必要的补救措施或调整、修改原计划,在与安全、质量、费用等目标协调的基础上,实现项目的进度目标。

● HSE 管理目标

HSE(Health Safety Environment)管理是指健康、安全、环境一体化管理,HSE 管理目标是在 HSE 管理体系正常运行状态下,对健康、安全、环境进行管理控制的目标。

项目 HSE 管理的具体目标一般包括:

○ 死亡事故为零

○ 火灾事故为零

○ 车辆交通事故为零

○ 环境污染事故为零

○ 传染疾病事故为零

项目管理团队应将上述目标要求向所有参建单位进行明确,并与质量目标、进度目标一同作为合同内容在相应的条款中列明,对达到标准的单位给予奖励,未达到标准的单位给予相应的处罚。

2）项目的组织架构

为顺利实现项目目标，必须有一个合理、可靠的项目管理团队与之对应。企业应按照项目的特点，成立专门机构——项目管理部（项目部）来具体实施项目工作，并以项目任务为前提，以项目管理的理念进行机构的组建。

按照"安全、质量、功能、工期和成本"五个方面统一协调开展工作的原则，项目管理部的组织架构可参见图 4-1 进行组建。

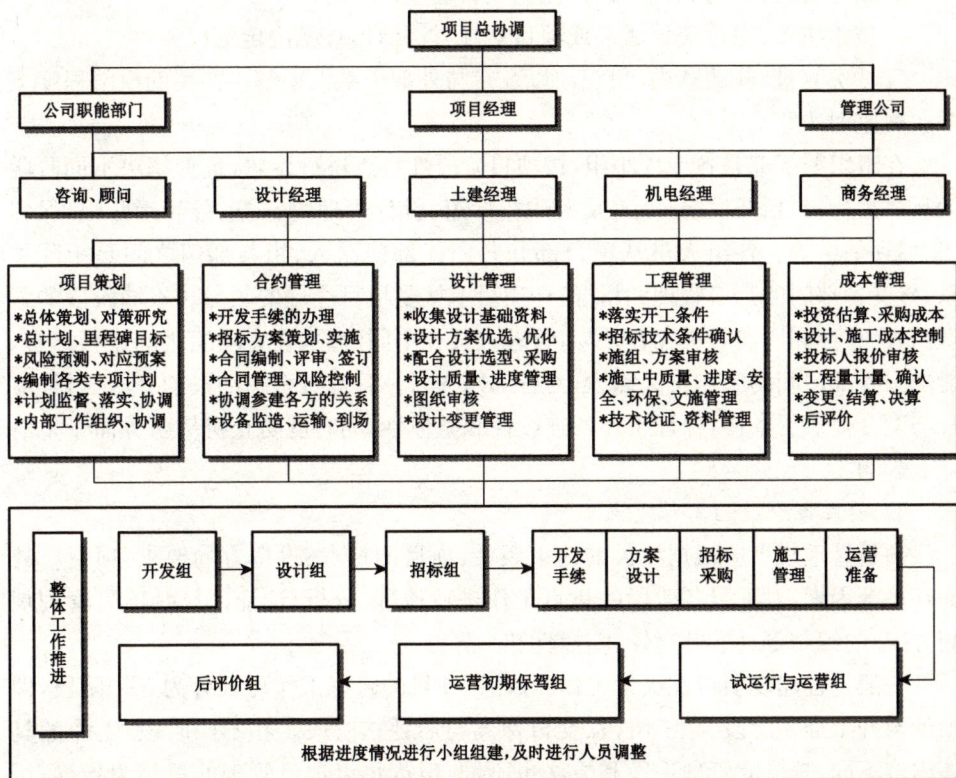

图 4-1　项目管理组织结构

● 项目部的分工

项目管理机构的管理层以项目经理为核心，公司层面设 1 名总协调人，负责协调项目所需的各类资源，包括人力资源、财务支持、外部支持、项目决策等。项目部设 1 名设计经理分管策划与设计，设 1 名商务经理负责合同与造价，设土建经理和机电经理负责总体技术工作、生产工作，并聘请管理公司、专业咨询顾问，共同组成项目管理机构的管理层。

● 项目经理的授权

项目部在项目经理的领导下以安全、质量、功能、工期和成本为控制点,在公司各职能部门的协助下,共同完成项目的各项目标。因此,为了更好地开展各项工作,项目经理的授权显得格外重要,一般情况下,项目经理应在以下几方面获得授权:

○ 人员配备:雇用、解雇人员,制定团队规则,接收或不接收员工的权力

○ 预算管理:拥有调拨、管理、控制项目资金的权力

○ 技术决策:对可交付成果或项目实施方法做出技术决定的权力

○ 冲突管理:在团队内、组织内以及在与外部干系人中解决冲突的权限程度

● 临时小组

在组织图下部是各专项小组,按项目阶段性特点进行设置,负责解决不同阶段的具体目标,包括开发组、施工及采购招标组、设计管理组、试运行与运营组、保驾组、后评估组等。各组人员从项目部和各职能部门派入,组与部门之间是矩阵关系,接受各部门的归口管理和指导,在项目上接受项目经理的领导。不同阶段的管理内容、重点和所需人员存在差异,管理人员在不同阶段,在专项组之间进行组合,能加强各部门间的工作交叉深度,为各部门在目标管理过程中的提前介入、过程监督与配合提供了条件,保证工作的连续性和整体性,同时能防止机构臃肿而带来的降效影响。

3)项目各阶段的工作重点

项目管理规划应根据项目的约束条件、项目的特点、投资方的要求、项目所处的环境等因素,对项目各阶段的重点工作进行梳理、分析、论证,以使《项目管理规划方案》的编制更具有针对性、实操性和指导性。

一般工程建设项目在决策工作完成后,项目的管理工作可划分为三个阶段,即设计与开工准备阶段、施工阶段、交付保驾与后评估阶段。在不同阶段,工作的具体内容不同,具体的管理手段和方法也不同,但都将以项目管理的思想为指导,用系统化的工作方式,实现不同阶段的工作目标,如图4-2所示:

● 设计与开工准备阶段的管理要素

○ 组建项目管理机构,立即开展项目管理工作,落实各项开发手续的办理流程及时间。

○ 全面、深入理解设计要求,深入理解酒店公司的意图,全面开展设计管理工作。

○ 制定各项实施管理方案,并对各方案进行交叉审核,反馈调整成为最佳方案,包括:

＞ 开发手续实施方案

阶段划分	工作内容	项目流程	项目管理工作内容	管理结果

设计与开工准备阶段

工作内容：
*明确目标、管理策划
*调查研究、收集数据
*确定项目管理组织架构
*实施方案研究
*总控计划的制订
*项目质量标准的确定
*项目的资源保证
*项目的环境保证
*项目经费及预算
*项目前期工作分解
*项目政策与程序的制订
*风险评估
*确定项目各项目标
*开工条件获得

项目流程：立项手续、方案设计、初步设计、设计审批、投资计划、施工图设计、施工招投标、开工手续

项目管理工作内容：
综合管理：项目规划、项目计划、现场管理
范围管理：项目启动、范围规划、范围定义、范围确认、范围变更
时间管理：活动定义、活动顺序、活动时间、进度计划、计划调整

管理结果：
签订设计合同
各阶段设计审定
各类许可证
签订总包合同
签订监理合同
现场达到开工条件
开工许可证

施工阶段

工作内容：
*健全项目组织
*建立与完善沟通渠道
*建立项目信息控制系统
*实施项目激励机制
*细化各项技术需求
*执行WBS目标分解
*计划执行与调整
*采购管理、合同管理
*目标管理实施
*预测/指导/监督/控制流程
*解决实施中的问题

项目流程：工期目标、质量目标、费用目标、HSE 目标、过程控制、信息沟通、资料存档

项目管理工作内容：
费用管理：资金规划、费用估算、费用预算、费用控制
采购管理：采购规划、询价规划、来源选择、招标采购、合同管理、合同收尾
质量管理：质量规划、质量保证、质量控制
人力资源管理：组织规划、工作人员、团队建设

管理结果：
各要素能力得到发挥
样板间验收通过
项目按期竣工
质量满足合同要求
费用得到有效控制
安全目标实现
环保目标实现
合同得到履行
廉政得到良好沟通
各方得到良好沟通

收尾阶段

工作内容：
*项目完成/项目保管
*调试与验收
*项目结算
*文档总结
*资源清理
*项目移交培训
*试运营保驾
*合同收尾
*行政收尾
*项目后评估

项目流程：质量验收、结算与决算、资料与验收、项目交接、项目审计、项目后评价

项目管理工作内容：
信息管理：信息规划、信息收发、过程报告、行政收尾
风险管理：风险识别、风险确认、风险评估、风险应对

管理结果：
顺利通过验收
资料完整交接
项目顺利移交
完成合理决算
审计顺利完成
项目后评价报告

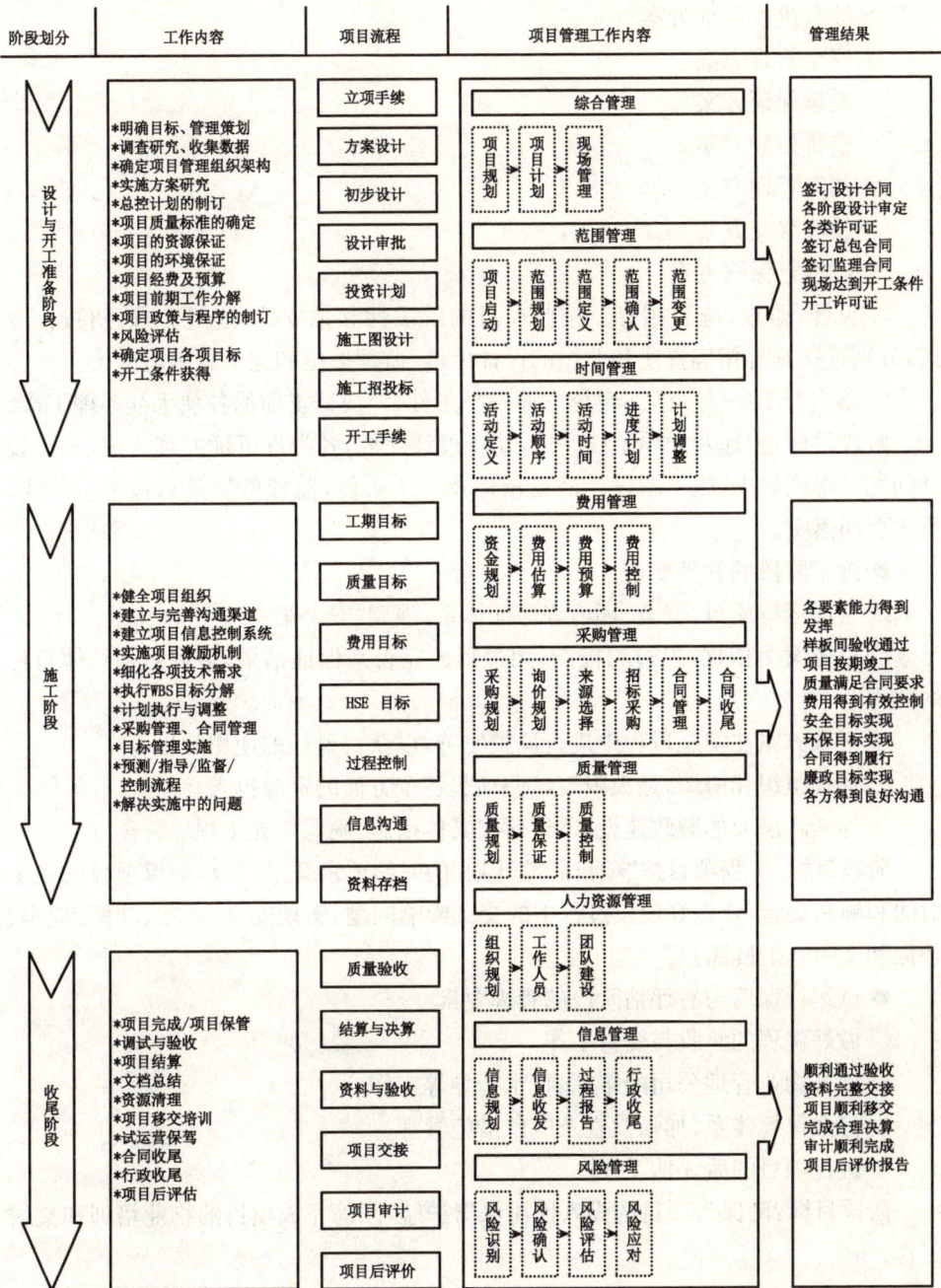

图 4-2 项目各阶段的工作重点

> 合约规划及招标方案

> 综合进度保证方案

> 安全管理方案

> 质量保证方案

> 造价控制方案

> 档案管理方案

> 验收移交方案

> 试运行保驾方案

○ 设计、监理、施工招标。按照项目的阶段性和独立性,通过比选、招投标方式,分别选择具有相应资质和业绩的设计单位、监理单位和施工总承包单位。

○ 落实开工条件。落实现场三通一平条件,完成开工前的各项手续办理工作。

阶段目标:土地及立项手续完成,初步设计完成,各类许可证办理完成,重大设计问题已得到解决,施工图设计满足招标及开工条件,监理单位及总包单位落实,重大合同落实。

● 施工阶段的管理要素

○ 全面运行质量、安全、环境等保证体系,强调“安全第一”。

○ 以方案为依据,抓过程控制,用过程的完善来保证结果,最后达到总体目标的实现。

○ 对各方案在实施过程中进行调整完善,以获得最佳的使用效果。

○ 加强组织和协调,最大限度地调动起各个方面的资源投入。

○ 加强各层面的廉政建设,严格落实具体措施,确保阳光工程。

阶段目标:工程项目按“项目总控计划”的时间要求开工建设,确保项目的完工时间和顺利交验,处理好建设过程中的交叉影响问题,实现安全、质量、功能、成本、环保和文明施工目标。

● 试运行保驾与后评估阶段的管理要素

○ 做好工程的验收与交付工作。

○ 做好物业管理公司的培训、技术指导等工作。

○ 健全保驾体系、加强检查及应急措施管理。

○ 进行项目的后评估工作。

阶段目标:确保为项目的投入使用保驾护航,圆满完成项目的物业培训和交付工作。

4.1.2　管理规划的编制流程

当前,我国的建设项目管理实践中还存在许多问题,主要表现在:

● 项目管理工作不规范

● 项目参与方的工作范围不明确和职责不清

● 业主/项目管理方对项目进度、费用和质量的监控,难以满足对项目及时调整、管理、甚至决策的需要

● 缺乏统一的信息标准和整体规划,导致已形成的信息平台之间难以实现信息资源共享

● 项目实施中获得的各类信息指标,如资源、费用、进度、质量/安全环保的影响因素、施工工艺、材料/设备的市场信息等,缺乏有效的、持续的积累

针对上述问题,在项目初期着手编制管理规划时,作为项目管理核心人物的项目经理,在碰到一些比较复杂的项目时往往会有无从下手的感觉。其实,无论项目如何千差万别,项目管理的原理和方法是一致的,都需要做好以下 5 个方面的基础工作:

1) 项目分析

包括项目背景、制约因素、目标的合理性、项目环境、项目的需求等。

2) 项目团队

合理的人员数量、到岗的时间,以及团队人员的素质是否符合项目经理的要求。

3) 高质量的 WBS

WBS 的完整性、正确性以及是否满足项目基本需求是评价其质量的标准。

4) 进度计划

切实可行的计划是项目管理工作的基准。项目能否按照预期的目标完成,在很大程度上取决于计划安排的全面性、合理性和预见性。

5) 沟通决策机制

项目实施的过程也就是信息的沟通过程,这包括团队内部的沟通、与项目干系人的沟通以及项目与公司管理层面的沟通。建立高效的沟通决策机制,是项目初期必须考虑的问题。

综上所述,管理规划的编制流程如图 4-3。

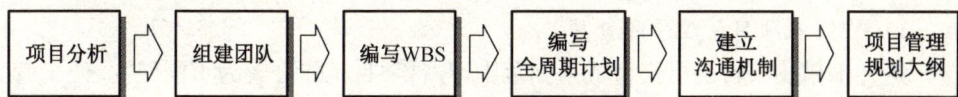

图 4-3　编制管理规划的工作流程

根据企业的组织结构、项目特点,流程中的每个节点对应相应的工作模板,包括:《项目分析表》《项目团队标准化配置表》《项目 WBS 模板》《项目全周期计划表》《项目干系人沟通机制》等,最终形成一份《项目管理规划方案》。

4.1.3 有用的工具——WBS

上述几个方面的工作,比较复杂,难以掌握和应用的就是建立项目的 WBS,即建立将项目参与各方联系起来的统一的、标准化的 WBS 分解体系。换句话说,就是需要在项目参与各方之间,建立一种统一的、规范化的"沟通语言"或分类标准。在此基础上建立的项目管理信息系统,就可既规范企业项目管理行为,也保证项目信息沟通渠道畅通,同时还可确保业主/项目管理方获得准确、实时的项目信息,真正高效地实现对整个项目的进度、成本和质量的统一计划和控制。

美国项目管理协会将工作分解结构(Work Breakdown Structure,WBS)定义为:项目团队完成的以可交付成果为导向的工作层次分解,用来完成项目目标和创造所需的可交付成果。WBS 用来分析和界定整个项目的范围,规划的工作应当包括最低层级的 WBS 组成部分,即可以进行进度计划、成本估算、监管和控制的工作包。

WBS 作为有效地计划和控制建设工程项目的工具,它是由一组可交付使用的项目产品/设施组成的,表现为一种层次化的树状结构,定义了整个工程项目的工作范围。根据项目管理工作需要,进行不同层次的分解,以满足对项目产品/设施进行时间、费用、质量的计划和控制管理。随着分解层次的深入,所定义的项目产品/设施也就越详细越具体,位于整个 WBS 分解结构最底层是不能再进一步细分的产品/设施,也称为工作包,由它形成造价信息库,如还要对它做进一步分解,其分解原则就变为完成该工作包的活动顺序或者施工工序。

WBS 的目标就是建立一个有用的框架,以帮助定义和组织工作,然后开始做这项工作。WBS 不是一个组织结构图,PMBOK 指出,应该根据工作的组织方式,而不是人力资源组织结构来说明工作。

成功的项目管理有赖于充分的规划,WBS 是项目经理在项目计划中避免遗漏重要工作的最好保障措施,而工作被忽视或遗忘是项目工期延误或失败以及利益相关者不满的主要原因。WBS 包括了项目的任何核心内容,基本上一个项目经理的大部分工作都不同形式地与 WBS 有关。

1) WBS 在项目管理中的作用

● 详细描述项目的可交付成果和范围,并将项目工作分解为不同层次、便于管理的、可定义的工作包,从而为管理层提供适当层次的项目数据,有利于管理层对项目的有效控制。

● 为项目管理团队提供一个报告项目状况及进展情况的基础框架。

● 位于工作分解结构最低层次的工作单元叫作工作包,为项目管理工作提供了依据,可以对其进行进度计划、成本估算、质量控制、项目评估、监管和控制等。

● 有利于进一步明确、细化责任和工作分配,并帮助确定对技术、经验和知识等资源的需求。

● 便于在整个项目生命周期内项目经理和项目干系人之间的沟通,包括进度、质量、成本、风险、协作关系等。

2) 创建 WBS 的原则

WBS 表示要执行的工作的一种合理分解,集中于对产品、服务或最终结果的再细分。它是所要执行工作的大纲。创建一个 WBS 需要有关可交付成果如何构成、如何达成以及有关工作领域的专业知识。

进行 WBS 分解时,分解得到的项目产品/设施应符合以下基本原则:

● 可定义的。可以说明其工作内容或目标,且容易被项目各参与方理解。

● 可管理的。可以分配给一个人员/部门/单位,明确该人员/部门/单位的职责。

● 可估计的。可以估计所需时间、资源及其费用大小。

● 可估量的。可计划开始时间和结束时间,制订里程碑计划。

● 可独立的。各项目产品/设施之间的分界面或依赖性最小,提供清晰的工作界面。

● 专业的。符合专业资质分类要求。

● 完整的。每一级的下一级所有项目产品/设施之和构成它的项目产品/设施的工作范围,所有项目产品/设施一起构成一个完整工程项目的工作范围。

● 可适应的。项目工作范围变化时,可灵活方便地增/减相应的项目产品/设施。

另外,对问题重复发生频率高的工作项,在满足上述条件的前提下,也应单独列出。

3) 创建 WBS

建立工作分解结构是项目初始阶段不可缺少的一步工作。一旦确定了项目的基本范围,就可以根据现有的项目信息编制最初的工作分解结构,并随着项目的进展以及变更的出现随时更新。编制 WBS 的依据包括项目策划报告、项目范围说明书、项目规划条件以及组织结构矩阵等。

工作分解结构是一种层次化的树状结构,编制时应注意两点,一是工作分解结构应涵盖项目范围所定义的所有 100% 的工作,二是应由具体实施项目的人(项目经理)编制。

WBS 可以用多种方法表示,包括图表、文本、表格等形式。无论用哪种表示方式,WBS 都可以帮助项目团队更准确地预测成本、进度、资源需求和分配任务。创建工作分解结构(WBS)时,可以建立一个全新的文档,可以重复使用原有 WBS 的元素,可以基于原有现成的模板,也可以遵循已经制定的 WBS 标准。可以重复使用的原有元素一般来自类似项目的 WBS,或者来自已经被组织认定为优秀实践的标准项目模板。

创建 WBS 是一个对项目目标、功能和技术性能设计标准、项目范围,以及其他特性的反复思考的过程。在项目初始阶段,一般会建立一个高层次的 WBS,在明确了项目定义和技术规范之后,再进一步细化、完善。WBS 应该满足项目的具体需要和要求,最后完成的 WBS 应包含全部的项目可交付成果。

WBS 一般按如下步骤建立:

① 确定项目目标,着重于项目产生的产品、服务以及提供给客户的结果。

② 准确确认项目所产生的产品、服务或提供给客户的结果,即可交付成果或最终产品。

③ 识别项目中的其他工作领域以确保覆盖 100% 的工作,描述中间输出或可交付成果。

④ 进一步细分②和③的每一项,使其形成顺序的逻辑子项目,直到工作要素的复杂性和成本花费成为可计划和可控制的管理单元(工作包)。

不同的可交付成果会有不同层次的分解,为了达到易于管理的目的,有些可交付成果可能只需分解到第二层次,有些则需要分解到更多层次。

工作分解结构可以满足各级别的项目参与者的需要。工作分解结构可与项目组织结构有机地结合在一起,有助于项目经理根据各个项目单元的技术要求,赋予项目各部门和各职员相应的职责。同时,项目计划人员可以对 WBS 中的各个单元进行编码,以满足项目控制的各种要求。

对于大型工程项目,由于工作内容比较多,其工作分解结构通常可以分为六级。一级为工程项目;二级为单项工程;三级为单位工程;四级为分部分项工程;五级为工作包;六级为作业或工序。一般情况下,作为业主方的项目管理只需完成前三级的工作分解,更低级别的分解则由承包商完成并用于对承包商的施工进度进行控制。工作分解结构中的每一级都有其重要目的:第一级一般用于授权,第二级用于编制项目预算,第三级用于编制里程碑事件进度计划。

以前类似项目的工作分解结构经常可以作为参照用于一个新项目。尽管每个项目都是唯一的,但是 WBS 模板却可以重复使用,因为大部分项目具有某些共性,这些共性使一个项目在一定程度上类似于另一个项目,对同一类项目,则更是如此。

4)建筑工程工作分解结构(WBS)示例

在项目早期阶段,开发一个仅有二到三级的 WBS 是可行的,因为详细的工作可能还没有被定义。然而,随着项目进入项目定义阶段或者计划阶段,计划内容就变得详细多了。这时,WBS 就能够被逐级细分到更低级别。

从我国建筑业实际情况出发,我们这里只探讨适用于我国房屋建筑工程项目的 WBS 分解结构及其工作内容说明,并与我国建设工程质量验收标准的结合,使得我们提出的 WBS 分解结构下的每一个产品/设施,都可以对应着工程量清单及其计量规则的一项或多项,以独立地计算其工程量,也对应着建筑产品选用技术中的一项或多项,以获得该产品/设施的选用技术/技术要求、供应商的信息等,并满足工程竣工验收的程序和要求。

在项目启动后,随着项目信息的不断丰富、完整,项目部应开始编制详细的 WBS。表 4-1 以一个商业综合体项目作为示例,给出 WBS 的模板实例。

表 4-1　商业综合体项目 WBS 元素分解(部分)

项目名称:

第一级	第二级	第三级	第四级
1.项目准备	1.1项目启动	1.1.1项目授权	1.1.1.1 合同授权
			1.1.1.2 明确决策机制
		1.1.2 团队组建	
		1.1.3 项目分析	1.1.3.1 项目范围分析
			1.1.3.2 项目目标分析
			1.1.3.3 项目成本分析
			1.1.3.4 项目质量分析
			1.1.3.5 项目风险分析
		1.1.4 确定项目里程碑	
		1.1.5 编制全周期计划	
	1.2 开发手续	1.2.1 与土地有关的手续	1.2.1.1 签订土地出让合同
			1.2.1.2 办理地价核实函
			1.2.1.3 环评审批
			1.2.1.4 交评审批
			1.2.1.5 水评审批
			1.2.1.6 节能审查
			1.2.1.7 立项
			1.2.1.8 建设用地规划许可证

(续表)

第一级	第二级	第三级	第四级
			1.2.1.9 国土证
			1.2.1.10 土地出让补充协议及地价核实函
		1.2.2 与规划有关的手续	1.2.2.1 规划意见书
			1.2.2.2 规划方案复函
			1.2.2.3 人防咨询
			1.2.2.4 人防规划设计条件
			1.2.2.5 人防初设审查
			1.2.2.6 人防施工图审查
			1.2.2.7 人防施工图备案
			1.2.2.8 建筑节能设计审查备案
			1.2.2.9 建设工程规划许可证
		1.2.3 与开工有关的手续	1.2.3.1 规划验线
			1.2.3.2 消防设计审核
			1.2.3.3 施工图审查备案
			1.2.3.4 工程档案登记
			1.2.3.5 年度投资计划
			1.2.3.6 总包、监理招标备案
			1.2.3.7 工程质量监督注册
			1.2.3.8 工程施工安全监督备案
			1.2.3.9 两项(新型墙体材料、散装水泥)专项基金缴纳
			1.2.3.10 临时用电报装
			1.2.3.11 自来水报装
			1.2.3.12 排水、(燃气)报装
			1.2.3.13 建筑工程施工许可证
	1.3 设计	1.3.1 选定设计单位	
		1.3.2 落实设计条件	

（续表）

第一级	第二级	第三级	第四级
		1.3.3 方案设计	
		1.3.4 初步设计	
		1.3.5 施工图设计	1.3.5.1 建筑施工图设计
			1.3.5.2 机电施工图设计
			1.3.5.3 装修施工图设计
			1.3.5.4 专项施工图设计
	1.4 招标采购	（略）	
2.项目实施	（略）		
3.项目收尾	（略）		

4.2　项目的开发手续

开发手续是项目开发的合法保障，是项目得以实施的基础，这一阶段的工作包括与政府相关各部门进行沟通，提供项目建议书、环评报告、交评报告等各种相关文件，并缴纳相关规费等。

4.2.1　开发手续的办理流程

开发手续的办理是一个比较复杂的过程，而且各地方政府的程序和要求也不尽相同，按照常规的流程，可以表示为图 4-4。

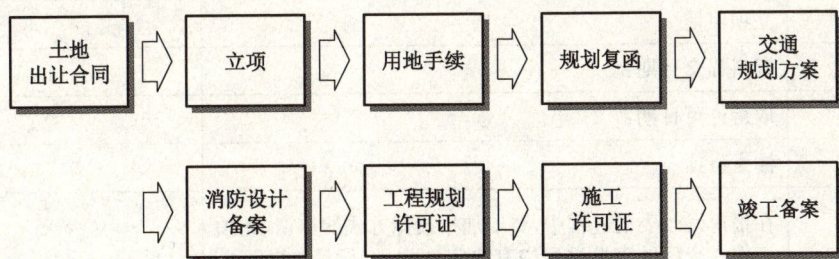

图 4-4　开发手续的办理流程

上述每个流程的节点,均对应标准化的工作表单,每个表单中的工作程序、提供的资料、注意事项等均为动态更新,以适应政府部门的最新要求,提高办事效率。

表 4-2　立项手续办理表单(示例)

项目名称:

序号	任务名称	完成情况
一	前置条件	
1	完成:土地出让合同签订	
2	完成:交通评价审批	
3	完成:环境评价审批	
4	完成:水影响评价审批	
5	完成:节能审查	
6	完成:节水方案审核	
7	完成:建设用地规划许可证	
8	完成:办理不动产权证	
二	立项手续	
1	事项名称:立项备案	
2	许可证件名称:项目备案通知书	
3	办理周期:5 工作日	
4	办理部门: * * 区发改委	
5	提交的资料	
5.1	交评、环评、水评及节能审查意见	
5.2	开发资质、规划意见书	
5.3	出让合同、公司章程、银行资信证明、董事会决议、营业执照、组织机构代码	
5.4	立项申请	
6	资料提交日期:	
7	取得许可日期:	
三	注意事项	
1	在报市发改委的过程中,要增加招投标方式的申请(此项工作在今后的审批过程中有决定性意义,设计、施工、监理、材料的招标方式在此过程审批)	

（续表）

序号	任务名称	完成情况
2	申报立项的投资规模要与注册资本相结合。由于该项审核比较严格，在确定项目开发规模及总投资额时需要结合注册资本，必要时提前增资	
3	当项目地块较大，且只有一个规划意见书时，不可能同时开发。因此在签订出让合同时一定要按照内部道路分地块签出让合同，同时要请规划部门分地块出具规划意见，（此时需要基本确定分期顺序）以免在今后立项过程中遇到麻烦	

表 4-2 是一个立项手续办理的标准表单，如果每一项工作都画"√"了，那么就意味着此项工作最终完成了。

4.2.2　开发手续的主要内容

由于各地相关委办局设置、审批程序及相关内容不尽相同，本节对共性部分进行基本描述，部分参照北京市规定为例予以说明。

1）土地手续

在土地公开交易市场通过公开交易取得土地开发权，及时办理由国土部门核发的土地成交确认书，签订土地使用权出让合同，按合同约定时间缴纳出让金，并按相关协议约定完善一级开发费用等事宜。

后续项目立项、用地、规划设计方案及初步设计等有关手续可同时办理。

2）立项手续

立项是整个开发过程前期手续最重要的一步，签订土地出让合同后，应尽可能结合规划设计情况进行立项的前置审批报送，如交评、环评、节能审查等。取得以上批复后，可向区发改委申报立项。须准备以下资料：

① 交评、环评及节能审查意见

② 项目申请报告

③ 开发资质、规划意见书

④ 出让合同、公司章程、银行资信证明、董事会决议、营业执照、组织机构代码

⑤ 立项申请等

区发改委通过后，会开出区级立项申请。之后将区发改委立项申请加上述①至⑤项材料报市发改委投资处。

3）用地手续

应办理的各项许可证有：土地出让许可、建设用地规划许可证、国有土地使用

证。如涉及原一级开发占用林地等事宜,还需完善相关许可。

申报北京市规划委员会《建设用地规划许可证》所需材料目录如下:

● 建设单位出具的申报委托书

● 建设单位填写完整并加盖单位印章的《建设项目规划许可及其他事项申报表》

● 规划部门及相关部门的批准文件:

＞ 申请以划拨方式取得国有土地使用权的,提交《选址意见书》附件及附图,建设项目批准、核准、备案文件。

＞ 通过土地市场以招、拍、挂方式取得国有土地使用权的,提交《建设项目规划条件(土地储备供应)》及附图,提交《北京市国有土地使用权挂牌出让成交确认书》及《北京市国有土地使用权出让合同》,建设项目批准、核准、备案文件。

＞ 申请进行土地储备前期整理的,提交《建设项目规划条件(土地储备前期整理)》和土地储备授权批准文件。

●《建设用地钉桩测量成果报告书》(含《建设用地钉桩通知书》和《钉桩坐标成果通知书》原件)

● 测绘部门按建设用地钉桩成果及绘图要求绘制的 1/500 或 1/2 000 地形图 5 份[用地范围涉及多个区(县)行政区划或者建设单位为多个单位的,需相应增加地形图份数]

● 法律、法规、规章规定要求提供的其他相关材料

4) 规划复函

将下述材料上报规划管理部门,取得规划意见复函。

● 建设单位出具的申报委托书和填写完整并加盖单位印章的"建设项目规划许可及其他事项申报表"

● 建设单位申请文件(包含发文号、签发人、单位印章等基本公文要素)及建设项目有关情况的说明

● 原规划许可文件的复印件及相关材料

● 其他材料

5) 交通规划方案

向北京市交通管理局提交下述材料:

● 建设单位写申请(写明项目内容、规模)

● 规划意见书(规划委员会用地处)

● 交通影响评估报告(委托有交通评估资质的单位编写)

● 交通影响评估报告的批复(交管局规划处)

● 总平面图、坡道详图、各层平面及剖立面图(由设计院提供)

6）消防设计备案

通过北京市房屋建筑工程施工图审查申报系统进行申报：

● 建设工程规划许可证复印件、房屋产权证明文件复印件

● 建设单位、设计单位法定代表人授权书及身份证复印件和项目负责人工程质量终身责任承诺书

● 全专业施工图设计文件及相关资料

7）建设工程规划许可证

在取得建设用地规划许可证，并且项目经核准或备案后，办理年度投资计划。根据需要，在通过建设项目人民防空建设标准审查和文物保护单位建设控制地带项目建设方案审查后，办理建设工程规划许可证。

申报北京市规划委员会《建设工程规划许可证》所需要材料目录如下：

● 建设单位出具的申报委托书。

● 建设单位填写完整并加盖单位印章的《建设项目规划许可及其他事项申报表》。

● 建设项目批准、核准、备案文件或者相关文件。

● 前期规划管理文件，包括选址意见书或规划条件，建设工程设计方案，重大城乡基础设施项目应当提交经过审查的建设工程扩大初步设计方案，需要建设单位编制修建性详细规划的建设项目，还应当提交修建性详细规划。

● 前期规划管理文件注明申报建设工程规划许可证时需要提交的相关文件。

● 使用国有土地的有关证明文件。

● 具有资质的设计单位按照前期规划管理文件要求绘制的建设工程施工图中的主要部分（按 A4 规格竖向装订成册）1 套，另再附相同设计总平面图 5 份（建设单位为多个的需按增加的单位个数增加图纸份数）。

● 施工图纸的主要部分包括：图纸目录、无障碍设施设计说明、设计总平面图、各层平面图、剖面图、各向立面图、各主要部位平面图、基础平面图、基础剖面图各 1 份。

● 其他法律、法规、规章规定要求提供的相关材料。

在取得建设用地规划许可证，并且项目经核准或备案后，在缴纳城市基础设施建设费前提下，办理年度投资计划。取得建设工程规划许可证后，可根据需要同时办理以下许可：

○ 掘路许可

○ 占路许可

○ 移伐树木许可

○ 移植古树名木许可

○ 避让保护古树名木措施许可

8）建筑工程施工许可证

● 按规定填写《建筑工程施工许可申请表》（见附表一、附表二；一式两份）加盖公章及法人代表签章后到市住建委工程办登记备案编号。

● 由开户行出具资金证明。

● 到人防办公室进行人防图审查，取得人防施工图设计审查通知书。

● 到规划委认可的审图单位进行施工图审查，取得施工图设计文件审查合格书。

● 办理项目招投标施工和监理合同备案及中标通知书备案手续，以及其他项目有关专业预登记工作。

● 住建委建材办领取项目散装水泥专项基金和节能墙体材料交费单据，到公司开户银行交纳，在后期建设过程中，应注意及时按照当地政府及管理部门的要求申请退款，安排专人负责；并对项目整体收尾及相关手续进行完善工作。

● 招投标结束后，填写《北京市建筑工程施工安全监督通知书》并加盖甲乙双方公章，持此通知书及"安全生产技术措施"到市住建委施工安全处办理安全监督手续和安全生产技术措施审查手续，并由施工安全处在《施工许可申请表》内"质量、安全监督手续"一栏加盖安全监督备案章（一式两份），并由施工总包单位办理"施工人员意外伤害保险"保单。

● 填写质量监督注册登记表及建筑节能备案登记表，加盖各有关建设单位、施工总包单位、监理单位、设计单位公章及资质证书编号。

将以上材料全部报市住建委工程办审查，并经由经办人员踏勘施工现场后办理。

9）竣工备案

● 施工单位完成设计图纸和合同约定的全部内容后，自行组织验收，自评结果符合国家技术标准和设计图纸要求，填写竣工报告，申请工程竣工验收，竣工报告报监理单位。

● 监理单位收到竣工报告后，应对工程质量等级进行评定，经总监理工程师、监理单位法人签字并加盖公章的竣工报告由施工单位向建设单位申请竣工验收。

● 建设单位收到竣工验收报告后，对符合竣工验收要求的工程提请规划、人防、消防（消防设施检测、水检、电检）、环保（环检、水检）城建档案资料验收等有关部门进行专项验收，取得认可文件或准许使用文件。

● 建设单位组织勘察、设计、施工、监理等单位和其他有关方面专家组成验收小组，对工程进行竣工验收。

● 建设单位应当在工程验收 7 日内，将工程竣工验收有关质量文件和质保资料，递交工程质量监督部门，工程质量监督部门对验收工作进行监督，并报建设行政主管部门竣工备案。

附表一：   **工程简要说明**

建设单位名称	与工程规划许可证一致	所有制性质	如实填写
建设单位地址	工商注册地址	电　话	如实填写
法定代表人	如实填写	建设单位 项目负责人	如实填写(应由建设单位法 人授权)
工 程 名 称	与工程规划许可证一致,如一个规划证申报多个施工许可的,工程名称按 规划证附件载明的单体工程名称如实填写		
建 设 地 点	与工程规划许可证一致		
合 同 价 格	与施工合同一致		
建 设 规 模	与本次申报的单体工程规模总和一致(系统默认加和,如出现与申报内容 不一致的情况,请核查填报的单体信息)		
合 同 工 期	与签订的施工合同一致		
施工总包单位	与中标通知书及施工合同一致		
监 理 单 位	与中标通知书及监理合同一致		
施工单位 项目负责人	如实填写(应由施工单位 法人授权)	总监理工程师	如实填写(应由监理单位法 人授权)
勘 察 单 位	如实填写		
设 计 单 位	如实填写		
勘察单位 项目负责人	如实填写(应由勘察单位 法人授权)	设计单位 项目负责人	如实填写(应由设计单位法 人授权)

申请单位：

法定代表人(签章)单位(盖章)

年　月　日

附表二: **建设单位提供的文件或证明材料情况**

用地批准手续	系统关联国有土地使用证号(填写用地批准手续文号)
建设用地规划许可证	
建设工程规划许可证	系统关联建设工程规划许可证号
施工现场是否具备施工条件	施工现场已具备施工条件,且地上地下管线资料已移交<u>(请施工总包单位主要技术负责人抄写上述文字并签字,施工单位在此栏内加盖公章)</u>
中标通知书及施工合同	系统关联合同备案号(招标管理部门盖章)
施工图设计文件审查合格证明	(填写施工图纸设计文件审查合格书备案号)
监理合同或建设单位工程技术人员情况	监理合同备案号(招标管理部门盖章,无监理单位的由建设单位技术负责人签字)
质量、安全监督手续	由窗口受理人员填写
资金保函或证明	(填写开户行名称及资金证明文件编号,或拨款文件编号)
无拖欠工程款情形的承诺书	本单位承诺:截至申请之日无拖欠工程款情形<u>(请建设单位项目负责人抄写上述文字,建设单位在此栏内加盖公章)</u>
其他资料	

审查意见:

(发证机关盖章)

经办人:　　　　　　　审查人:　　　　　　　　　年　月　日

注:此栏中应填写文件或证明材料的编号。没有编号的,应由经办人审查文件或资料是否完备。

4.3　项目的设计管理

设计阶段完成的设计文件,确定了工程项目的建设规模、使用功能、装备水平、建造标准、建筑造型,同时也基本确定了建设项目的总投资。各项设计任务能否按照项目总控计划的要求顺利完成,直接影响工程招标、规划报建和工程建设等后续工作的实施。因此,项目的设计管理是项目建设过程中预控管理的关键环节。

4.3.1　设计管理的基本原则

建设项目通过工程设计体现项目的投资建设目标。工程设计要切合实际、安全适用、技术先进、经济合理并始终贯彻下列基本原则:

1) 确保实现使用功能

满足使用功能要求是建筑设计的首要任务。项目的设计管理人员应根据《项目需求报告》或设计委托合同中关于项目功能实现的具体要求,开展相关工作,确保实现项目的功能性目标。

2) 采用合理的技术措施

根据建筑空间组合特点,选择合理的结构型式、建筑方案,正确选用建筑材料,使房屋坚固耐久、建造方便。

工程设计必须安全可靠、方便施工,并保证项目建成投产后长期安全正常运行。根据工程的不同性质与要求,从实际情况出发,合理地确定设计标准,防止追求过高的设计标准。

尽量采用先进、成熟、适用的技术。同时根据国内的管理水平和消化能力,积极吸收国外的先进技术和经验,着眼于提高国内技术水平和制造能力。必须引进的国外新技术和设备,要与我国的技术标准、原材料供应、生产协作配套、维修与零部件的供应条件相协调,确保项目后期的运营、维护、保修的便利性。

3) 具有良好的经济效果

建设项目是一个复杂的物质生产过程,需要大量人力、物力和资金,在房屋的设计建造中,要因地制宜、就地取材,尽量做到节省劳动力,节约建造材料和资金。

技术设计阶段对项目建设投资的影响占到 $75\%\sim85\%$,而且根据其所做设计概算对项目的投资控制目标来说,具有相当的指导意义和可操作性,所以,这一阶段的工作重点将是对设计概算的审查。项目成本人员应主要通过对设计概算的编制依据、概算构成等进行审查,并通过与国内外同类项目的投资进行对比分析,以不超过项目投资估算为目标进行控制。若在审查中,发现其在建筑结构体系以及有关材料、系统、设备、仪器仪表的选择方面存在一定的不合理性或不经济,应及时提出具体的分析论证报告或方案优化建议书。

4) 考虑建筑物的美观要求

建筑物是社会的物质和文化财富,它在满足使用要求的同时,还需要考虑人们对建筑物在美观方面的要求,考虑建筑物所赋予人们在精神上的感受。

5) 符合总体规划的要求

单体建筑是总体规划的组成部分,单体建筑应符合总体规划提出的要求。建筑物的设计要充分考虑和周围环境的关系,例如原有建筑物的状况、道路的走向、基地面积大小以及市政绿化等方面和拟建建筑物的关系。

6) 设计进度满足项目进度目标

按照项目总控计划的时间节点要求,考虑适度的交叉,梳理出各项设计工作之间合理的时间、次序等的逻辑关系,在满足整体进度节点要求的前提下,适当留出一定的设计审核、图纸修改等机动时间。

根据设计工作与其他相关工作的逻辑关系,项目部的设计经理负责编制各阶段设计工作的时间指标(如最早开始时间、最晚开始时间、最早完成时间、最晚完成时间等),然后通过招标文件要求及随后的合同洽谈工作,确定各设计单位的设计进度计划和详细的出图计划,并在计划执行过程中对其进行动态监测,确保设计文件能够得到及时提交,进而满足整体项目的进度要求。

4.3.2 设计管理的基本内容

商业地产项目的设计工作主要包括:

1) 收集项目基础资料

重点收集与规划设计条件相关的资料,包括有利因素、不利因素、相关因素、控制指标等。特别需要收集了解项目所在区位商业地产市场现状及发展情况、与本项目产生竞争的相关项目的规划设计资料、同类业态项目的设计资料和案例调研。

2) 分析评估项目基础资料

依据项目基础资料调研,分析宗地自然环境对规划设计的影响,分析区域总体规划、道路交通状况、周边公共设施配套、市政能源状况等对宗地规划设计的影响,分析项目功能定位、营销模式、设计对象、商业业态、建筑类型、建设标准,分析项目的建造标准,分析目标客户适宜的建筑空间、交通特征、环境需求、配套需求等。

3) 配合完成项目立项所需工作

期间对项目规划设计可操作性、控制条件及指标进行基本判断,配合经营部门完成《立项建议书》,完成项目立项所需交通、环境、节能等影响评价工作。

4）提出项目概念性规划方案

此阶段工作主要为编制《项目投资建议书》(《项目可行性研究报告》《项目市场定位报告书》)的配合工作,体现形式为《项目规划设计建议书》专篇策划报告。工作步骤及内容如下:

● 编制《项目规划设计建议书》

对项目基础资料进行分析,结合项目开发理念、产品定位、业态分析及经营策划,重点研究分析项目设计与项目市场定位、业态规划的适应度、环境适应度及功能通用性,包括:适宜的环境模式、适宜的交通组织模式、适宜的建筑空间环境氛围、适宜的建筑形式及风格、理想的技术经济指标,编制《项目规划设计建议书》,初步形成项目的设计理念、主题、创意、风格和预期的群体、单体建成后效果。

● 编制重大及重点项目的概念性设计方案

重大及重点项目应委托专业规划设计单位编制概念性设计方案,协助完成《项目规划设计建议书》的编制。概念性设计方案的招标征集工作应参照建设部《建筑工程方案设计招标投标管理办法》中华人民共和国住房和城乡建设部令 33 号,主要步骤如下:

＞ 综合考虑包括项目类型、规模、重要性、标志性、可批性、时间计划、前期成本等因素,确定招标方式,如方案比选、谈判、直接委托等。

＞ 编制《项目概念设计任务书》,同时选择规划设计单位。

＞ 确定中标方案、中标设计单位。征求各方意见,对中标方案进行调整优化,最终形成项目概念方案研究结论。

5）完成项目方案及施工图报批

● 编制《设计任务书》、详细工作组织方案及进度计划

在概念方案基础上,对项目的使用、经营、管理等进行统筹研究,进一步明确建筑使用功能、建设规模、建筑内外装修主材标准、结构设备电气专业标准、服务配套、精装修和初装修区域等。还应明确委托设计范围及另行委托的专项设计范围、内容、配合方式,强调设计单位完成方案成果中的成本估算,在施工图完成前提交设计概算,提供主要装饰材料、主要机电设备的技术指标。

● 通过招标确定设计单位

根据项目所在地勘察设计招投标管理规定及企业管理办法,确定招标方案,确定设计单位,完成合同签订工作。设计合同要求使用建设部《建设工程设计合同》制式文本附补充条款的合同文本形式。

● 组织设计单位开展工作,并进行方案和施工图报批

组织开展方案、初步设计、施工图三阶段设计工作和专项设计的插入配合,尤其重视与签约客户具体设计要求的对接和综合协调。按项目所在地规划部门要

求,完成方案报批和施工图报批,通过人防、消防部门审查备案,取得《建设工程规划许可证》,完成施工图审查。

● 组织勘察测绘及各专项、深化设计

按项目综合计划中设计的进度要求,及时组织勘察测绘,进行专项设计、二次深化设计咨询;适时插入绿化景观、幕墙、精装修、电梯、夜景照明、安防及楼宇自控等主要专项设计和深化设计;并安排专业测绘公司对报规图纸进行图测,与建筑设计单位核对图测结果,以保证销售预案与设计图纸的吻合性。

● 完成各阶段设计成果内部审核

内部审核一般按照企业的具体规定执行,也可委托第三方协助审核。

6) 配合工程实施

● 组织图纸会审、设计交底

● 组织完成幕墙、精装修、夜景照明、绿化景观等专项,深化设计

● 组织完成其他甩项工程的施工图设计

7) 配合工程移交

根据竣工图编制《设计说明书》及《使用说明书》,配合工程、成本、营销、物业等部门的移交工作。对入住客户的二次装修,制定相关审批、实施及费用的要求及规定。

8) 配合客户入住及后期工程改造

解答入住客户提出的各类设计技术问题,并针对客户的后期工程改造条件进行评估和审核。

4.3.3　设计质量管理

工程设计质量包括设计对象和设计结果两方面:一是工程的质量标准,包括采用的技术标准、设计使用年限、工程规模、达到的生产能力等;二是设计工作质量,包括设计成果的正确性、各专业设计的协调性、设计文件的完备性、明确性、合规性。

影响工程质量的因素很多,其中很重要的一个影响因素是设计质量。设计文件决定了建筑的造型、结构强度,抗震等级等,同时也决定了建筑本身功能性的满足程度。我国工程质量事故统计资料表明,由于设计方面原因引起的质量事故占40.1%,由于施工方面原因引起的占29.3%,其他原因(如材料、设备等)占30.6%。可见,设计质量应作为项目质量管理的一项重要内容加以控制。

设计质量管理的工作流程如图 4-5。

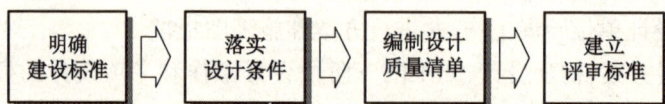

图 4-5　设计质量管理的工作流程

1）明确建设标准

项目的建设标准包括三个方面的内容：强制性标准、使用功能要求、造价控制要求。

● 强制性标准

强制性标准是指保障人体健康、人身财产安全的标准和法律、行政性法规。对工程建设业来说，下列标准属于强制性标准：

工程建设勘察、规划、设计、施工（包括安装）及验收等通用的综合标准和重要的通用的质量标准；工程建设通用的有关安全、卫生和环境保护的标准；工程建设重要的术语、符号、代号、计量与单位、建筑模数和制图方法标准；工程建设重要的通用的试验、检验和评定等标准；工程建设重要的通用的信息技术标准；国家需要控制的其他工程建设通用的标准。

● 使用功能要求

设计的核心任务是实现项目的使用功能，功能要求一般包括：效果需求、空间布局、设备功能三个方面。

效果需求包括：建筑型式、园林景观、室内装修风格、艺术品、软装、家具等。

空间布局包括：功能房间的数量、面积，大堂、会议室、餐厅等公共区域的需求，人流动线，车流动线，车库的面积及车位数量，附属用房的数量、面积等。

设备功能包括：空调温、湿度的要求，电梯的要求，以及消防、弱电、强电、排烟、燃气等功能需求。

针对商业地产项目，要特别关注交通体系、用电量和荷载的要求。

＞ 第一是平面交通体系，人车要分流，人流出入的大门口不要紧挨着车出入口。第二考虑垂直交通体系要合理，方便人流上下。第三卸货区要合理安排。多数做法是放在地下室，保证地面整洁，消费者看不到货车，尤其是建材、超市等，这样比较方便顾客。

＞ 不同的业态对高度、荷载的要求是截然不同的。超市最少要 1 吨，图书要 2 吨，冷库要 4 吨。做餐饮楼板要降板，要排油、排水。不考虑是行不通的，所以提前进行招商定位，设计就更合理一些。

＞ 一般的商铺或超市对用电的需求都是比较大的，因此，设计时不能按照常规的用电量设计，应与招商运营的需求相匹配。

● 造价控制要求

造价控制要求就是对设计提出的限额设计要求，这是建设项目投资控制系统中的一个重要环节、一项关键措施。在整个设计过程中，设计人员应与经济管理人员密切配合，做到技术与经济的统一。设计人员在设计时以投资或造价为出发点，做出方案比较、优化设计；经济管理人员及时进行造价计算，为设计人员提供有关信息和合理建议,达到动态控制投资的目的。

企业应根据自身产品的特点,编制《项目建设标准清单表》,再根据具体项目的特点进行完善和补充,以指导设计工作的开展。

2）落实设计条件

应确保设计原始资料的可靠性,重点是工程勘察的地形地质资料和参数、水文特征的资料等。其他需要落实的设计条件包括:道路接驳、电力系统、燃气、给水、雨水、污水、电信等。设计管理人员应根据《设计条件需求清单》逐一进行事项的落实,并达到清单中的完成标准,以免造成工作的遗漏,确保设计的质量。

3）编制设计质量清单

设计的质量对产品质量的影响是根本的和决定性的,后续的加工质量、施工质量、安装质量不能解决由于设计的先天不足而导致的产品质量问题。因此,设计过程既要考虑产品最大限度满足功能的需求,又要保证产品的可制造性。

根据质量问题与发现阶段的 10 倍法则(如图 4-6),如果我们在设计初始阶段就发现了质量问题并予以纠正,在后续的重新设计、深化设计、现场返工、交付后的维修、顾客投诉等环节将节省多项成本。因此,设计的质量管理是质量管理中最重要的工作。

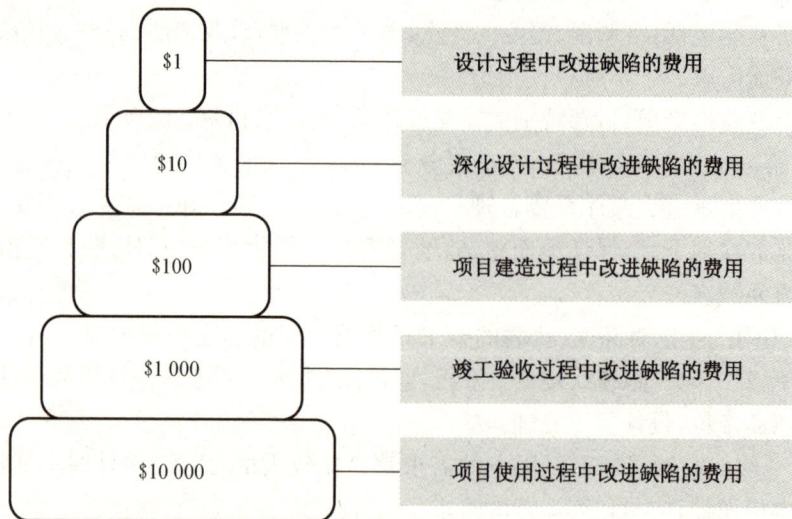

$1	设计过程中改进缺陷的费用
$10	深化设计过程中改进缺陷的费用
$100	项目建造过程中改进缺陷的费用
$1 000	竣工验收过程中改进缺陷的费用
$10 000	项目使用过程中改进缺陷的费用

图 4-6　质量问题发生阶段的 10 倍法则

根据成本最优的原则,我们如何能在设计过程中避免或者最大限度地减少质量问题的发生呢？笔者根据多年的从业经验,编制一个《设计质量要点清单》作为控制设计质量是一个行之有效的方法。

所谓的《设计质量要点清单》(表 4-3)，就是将以往类似项目所发生的设计变更、工程洽商，以及项目交付后的缺陷反馈、客户投诉、维修记录中的问题进行梳理并按照专业进行分类，在与设计单位签订设计合同时，这个清单作为合同的附件，凡是清单中所列问题不得在设计图纸中遗漏，这样，随着清单的不断更新完善，可以收到事半功倍的效果。

表 4-3　设计质量要点清单(部分)

项目分类：公共建筑　　　　　　　　　　　　　　　　　　更新时间：

序号	问题描述	原因分析及解决方案
一	装饰工程	
1	基层、面层	
1.1	展厅地面经常过手推车，地插频繁损坏	■ 设计未考虑特殊地面的地插承压性 ● 特殊部位的地面，应考虑抗压性能或做局部加强处理
1.2	装饰面层做法未考虑对结构伸缩缝的处理，导致装饰面层开裂	■ 设计经验不足或遗漏 ● 参见《建筑构造专项图集 88JZ3(05)变形缝》2005
1.3	密度板做基层板，面层与其固定时拧螺丝困难，且易脱落	■ 设计经验不足 ● 装饰工程的基层板应采用多层
1.4	石材柱、墙，转角石材为整块石材，造价高、施工难度大、修补效果差	■ 设计过分追求效果，不计成本 ● 转角采用 45 度拼接，效果与整块石材基本相同
1.5	卫生间地面为人造石，变形、褪色、开裂	■ 设计师片面追求效果，且对材料性能不了解 ● 卫生间地面采用玻化砖即可
1.7	卫生间排砖考虑墙、地对缝，损耗超过 30%	● 卫生间对缝可考虑：瓷砖＋石材(局部)
1.8	开关、面板排布混乱，观感效果差	● 设计应给出末端排布的原则，作为图纸深化的依据
1.9	会议室不隔音，经检查发现隔断墙在吊顶内未做到顶	■ 会议室、办公室，图纸应标明隔墙的隔音做法。必要时，应聘请专业声学顾问对图纸进行审核
1.10	卫生间预留洞口 80% 用不上，后期改造、加固费时，费工、成本高	● 卫生间不做预留洞口，全部考虑后期开洞
2	五金配置	

（续表）

序号	问题描述	原因分析及解决方案
2.1	会议室铜门合页明装，效果不好	● 高档装饰门的合页、闭门器等，均应考虑暗装
2.2	独立办公室安装闭门器，使用不便，如开门、半开门等。后取消，造成浪费	● 独立办公室无须设置闭门器
2.3	卫生间隔断的合页，金属镀铬，使用半年即开裂脱落，门板掉落砸伤员工的脚	■ 设计选材不当，应为全不锈钢材质（标明厚度）
	……	
二	通风空调	
1	屋顶风机噪声超标，后期处理难度大、成本高	■ 机电设计未考虑消声器、隔音挡墙等做法
2	冬季的极寒天气：走廊端头、邻近外墙的消防、给水立管冻裂；大堂进风温度过低	■ 设计规范滞后，设计考虑不周到 ● 邻外墙消防、给水管加装电伴热；入口加热风幕；大堂地采暖、空调加大负荷或增加 VRV 空调，采用旋流风口
3	……	

4）建立评审标准

设计文件的质量评审，主要依据其功能性、可靠性、可实施性等几个特性是否满足要求来衡量。

● 功能性

包括建设规模、产品定位方案、可行性研究报告或初步设计审批文件的要求；公用工程及辅助工程配套合理；总图布置合理，相关安全防护设施符合规范要求。

● 可靠性

包括设计基础资料齐全、准确、有效，计算依据可靠合理，设计条件正确，设计文件的内容深度、格式符合规定要求；专业设计方案比选应有论证报告，结论明确；采用的设备、工艺技术、材料均应先进可行，采用的新工艺、新设备、新材料均已通过鉴定，并有相应的证明材料；便于维修和建立维修保障，备品备件自给率符合要求；定型设备应选择国家或行业的系列化、标准化产品，严禁选用淘汰产品。

● 可实施性

包括建筑、结构设计应考虑项目建设地区的具体情况和施工单位的作业技术能力、装备水平，并应提出施工验收准则；设计中应考虑高、大、重设备的运输及安装方案、实施条件、检验置换作业及其他特殊安装要求；现场制作的设备应考虑现场作业条件及环境特点等因素;工程设计文件应提供主要设备、材料的采购、制作和检验的技术要求。

上述内容应编制成《设计成果评审表》,按照专业进行划分,如建筑、结构、电气、暖通、给排水、弱电、消防、装修等,每个专业对应不同的技术评审内容,总体原则按照功能性、可靠性、可实施性三个方面进行标准化评审表格的制定,做到各专业审图人员有据可依,既能提高审图水平和审图效率,又能避免工作的遗漏。

4.3.4　设计投资管理

投资控制贯穿于项目建设的全过程,贯穿于工程设计的全过程。实践表明,不同建设阶段对建设工程项目投资影响的程度是不同的,对项目投资影响最大的是项目投资决策和工程设计阶段。设计阶段影响项目投资的可能性为 35%~85%,因此,在建设项目作出投资决策后,控制项目投资的关键就在于设计管理。

设计阶段投资控制的基本原理是动态控制原理,即在项目设计的各个阶段,分析和审核投资计划值,并将不同阶段的实际投资值与计划值进行动态跟踪比较,当其发生偏离时,分析原因,采取纠偏措施,使项目设计在保证项目质量和功能的前提下,充分考虑项目的经济性,使项目的总投资控制在计划总投资范围之内。

在工程设计阶段,正确处理技术与经济的对立统一关系是控制投资的重要原则。在工程设计中,既要反对片面强调节约,忽视技术上的合理要求,使建设工程项目达不到使用功能的要求;又要反对重技术,轻经济,使设计过于保守造成浪费或盲目追求技术先进性的倾向。设计阶段投资控制的主要工作有:实行设计方案竞选和工程设计招标,积极推行限额设计及标准设计,应用价值工程优化设计等,如图 4-7。

图 4-7　设计投资管理的工作流程

1) 方案竞选和设计招标

建设工程项目功能设计的质量水平,对建设项目的投资控制有着决定性的影响。通常采用方案设计竞选和工程设计招标的方式获得优秀的方案设计和选择优秀的工程设计单位,其目的是促使工程设计单位为实现确定的项目功能目标、质量目标、工期控制目标、费用控制目标,采用先进、可靠的技术,降低工程造价,提高投资收益。在《设计单位综合评审表》中,应纳入上述内容要求。

2）限额设计

限额设计就是以业主方批准的工程建设项目可行性研究报告和投资估算为限额，部署实施工程方案设计和初步设计，并以批准的工程初步设计及概算造价为限额，部署控制施工图设计。同时，各阶段、各专业设计工种在保证工程建设项目使用功能和质量安全的前提下，按分配的投资（成本）限额严格控制设计，并利用价值工程原理优化设计方案，提高投资效益。

限额设计并不是单纯地强调节约投资，其基本内涵是尊重科学，实事求是，精心设计和保证设计的科学性。投资分解和工程量控制是实行限额设计的有效途径和主要方法。限额设计的前提是合理确定设计规模、设计标准、设计原则及合理取定有关概预算基础资料，通过层层限额控制设计，实现对投资限额的控制与管理，同时实现设计规模、设计标准、工程数量与概预算指标等各方面的控制。

根据实践经验，在具体实施限额设计过程中，还存在许多问题，这些问题必须要给予足够的重视，否则，与投资的控制的初衷和项目总体目标的实现就会产生偏离。

● 为了限额而设计

设计单位为了满足限额设计的指标要求，按照批准的项目总投资进行费用分解，将所设计项目的造价水平去贴近批准的项目总投资。大量事实证明，传统的投资定额、计价依据、估算深度、决策者的知识和经验的局限性以及设计单位自身利益的影响，使限额设计与真正的优化设计有相当大的距离。

解决途径有两个，一是对类似工程进行深入剖析以解决价值过剩的问题，二是根据优化设计节省的费用额度，对设计单位实施激励政策和风险机制。

● 先设计，后算账

基于项目资金成本的考虑，在实际的工作中，给设计单位留出的设计时间一般都非常紧迫，结果就会造成先赶图、再算账，设计概算偏离设计限额的情况。

因此，在建设项目的各个阶段都应配备工程造价人员，在不同阶段编制相应的《限额设计清单表》，对工程投资进行分析、比较，并将结果反馈给设计人员，从而能动地影响设计，改变过去设计人员只管画图，造价人员只管算账，只能被动地反映工程的造价情况。《限额设计清单表》以总价控制为原则，随着设计的不同阶段进行动态调整。

3）应用价值工程优化设计

价值工程是对于现有技术的系统化应用策略，对产品进行功能分析并以最低总成本来实现产品的必备功能，是一种科学的提高产品价值的经济技术分析方法。用公式表示为：

$$V = F/C$$

式中　　V——价值因数,反映产品功能与费用的匹配程度,是评价产品经济效益的
　　　　　　一种尺度。

　　　　F——功能因数,反映产品所具有的能够满足某种需要的属性。

　　　　C——成本因数,从根据顾客提出的功能要求进行研制、生产到用户所花费
　　　　　　的全部成本。

　　对同一工程项目的不同工程设计方案进行价值关系分析比较,所得到的 V 值
越高,方案越优。在工程设计阶段应用价值工程分析比较,能够在确保建筑产品功
能不变或提高的前提下,优化工程设计,降低建设和生产成本,使工程设计更符合
目标要求。

　　设计管理人员应编制《设计优化参考清单》,用以指导项目的设计优化工作。
所谓参考清单,是根据企业以往类似项目的经验积累,并参照标杆企业的优秀做法
编制而成的,这样的参考清单具有很强的指导性和现实操作性。

4.4　项目的合同采购管理

　　合同管理是项目管理的核心,是实现项目目标和过程控制的依据和法律保障,
其重要性主要体现在以下几个方面:

　　● 工程中的合同数量众多、关系复杂,业主方的合同管理在参建各方的合同管
理中处于支配地位,起主导作用。

　　● 工程项目建设周期长,建造过程复杂,过程中的冲突、争执、风险多,而合同
是预防风险,解决冲突和争执,进行索赔和反索赔的法律依据。

　　● 合同条款中对项目的各类目标(工期、质量、费用等)均有明确的约束性要
求,因此,合同管理是实现项目整体目标的根本保障。

4.4.1　合同管理的基本原则

　　根据市场经济的规范性要求,合同管理过程应始终遵循如下基本原则:

　　● 依法合规的原则

　　合同的主体、内容、形式、订立程序等都必须符合法律法规的规定,唯有如此,
合同才会受到国家法律的保护,当事人预期的目的才有保障。

　　● 权责对等原则

　　在项目建设的过程中,各类合同的双方有权利就必然有责任,合同中应杜绝只

有权利没有责任的条款。

● 公平交易原则

公平原则是民法的基本原则之一。在订立工程项目合同中贯彻公平原则,反映了商品交换等价有偿的客观规律和要求。贯彻该原则的最基本要求即是签约各方的合同权利、义务要对等而不能失去公平,要合理分担责任。

● 遵循合作、和谐、共赢的当代理念

项目的成功是建立在参建各方的协同合作与共同努力的基础之上的。借鉴国际工程管理的成功经验和合同理念,合同管理应遵循合作、和谐、共赢的当代思维,而不仅仅是甲乙双方的博弈。

4.4.2 合同管理的工作流程

合同管理贯穿于建设项目实施的全过程,在项目建设的各阶段都必须用合同的形式来约束各方的责任、权利和义务。建设项目合同管理的工作流程如图 4-8。

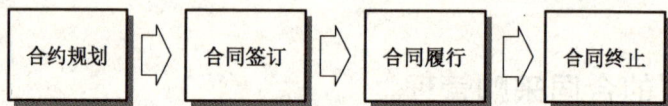

合约规划 ⇨ 合同签订 ⇨ 合同履行 ⇨ 合同终止

图 4-8 合同管理的工作流程

1) 合约规划

合约规划就是建立项目的合同体系,它是表达项目如何实现建设目标的载体,是项目前期统一工作思路和认识的平台。通过合约规划为设计、工程、采购等部门搭建共同工作的平台,各部门及项目部按照合约规划既定的合约方式开展工作。

在对项目的合同体系进行规划时,应考虑如下因素:

● 以对工作任务的技术可分割性分析为基础,控制不必要的、过多的工作界面分割;

● 以经济上最有利作为合理性判断;

● 以技术上是否可能与合理可靠为必要条件;

● 考虑各项分包工程在合同责任的搭接上既不出现重复也不出现遗漏,并使每一承包商的工作范围尽可能达到必要的生产经营规模。

合约规划为后续工作的开展制定了量化的指导目标,表 4-4 给出了合约规划的一个模板,根据项目的不同要求和不同特点,表中所列项目可能会略有不同,但其所要表达的主要内容和对后续工作的指导作用对任何项目而言都是一样的。

表 4-4　项目合约规划(示例)

项目名称:

序号	合同名称	合同主要服务范围	采购策略	签约时间
一	咨询服务类合同			
1	招标代理	编制资格预审文件、招标文件;组织投标人预审、踏勘现场;协助招标人定标等	邀请招标	
2	工程造价咨询	招标清单及控制价的编制、变更洽商审核、合同争议的鉴定、结算的审核等	邀请招标	
3	工程监理	按照监理规范的要求完成项目实施阶段的监理服务工作	公开招标	
	……			
二	设计类合同			
1	方案设计	项目策划及概念性规划方案、说明书及相关图纸	方案比选	
2	施工图设计	有关法律、法规、规章规定的内容	谈判委托	
3	专项设计	装修设计、夜景照明设计、标识及导引系统设计、园林景观设计、机房设计、厨房设计……	谈判委托	
4	顾问咨询	幕墙顾问、弱电咨询、电梯顾问、声学顾问、灯光顾问……	谈判委托	
三	施工类合同			
1	建安总承包合同	主体工程施工、二次结构及机电工程安装、专业分包施工等	公开招标	
2	专业分包	幕墙、精装、弱电、消防……	公开招标	
3	市政工程	热力、燃气、电信、道路接驳……	邀请招标	
四	材料设备类			
1	电梯设备及安装	按照图纸要求负责电梯的采购、安装、调试	邀请招标	
2	厨房设备及安装	按照图纸要求负责厨房设备的加工、制作、安装、调试	邀请招标	
3	艺术品	按照图纸要求完成艺术品的制作、安装	谈判委托	
4	……			

2) 合同签订

合同签订工作包括合同起草、洽谈签约、合同交底等内容。

● 合同起草

为提高工作效率,加快合同的起草、审批、签约等事项,公司应建立《标准化合同文件模板》。模板的建立不仅可以提高效率,还可以使项目管理的各类经验、教训通过标准合同的形式得到总结、积累和沉淀,从而支撑企业的快速发展。

在实际应用中,如果已有合同模板的应直接使用,没有的应采用类似或接近的合同模板修改、补充后使用。

● 洽谈签约

在确定中标单位后,与其进行签约前的合同谈判是至关重要的工作环节。合同洽谈时应做好以下几项工作:

○ 确立洽谈的具体目标

确定有意义的洽谈目标对谈判成功非常重要,每个谈判成员都要清楚谈判要达到的目标,以及这些目标基于什么样的假设才能成立。

○ 收集相关信息

通过对相关信息的收集、整理、分析和研究,谈判人员就会有较充分的思想准备,明确洽谈内容的主客观环境,寻找可行的途径,达到谈判的目标。通常在合同洽谈前需要收集的信息包括产品质量标准、市场价格、供应商的供货能力、技术水平、商业信誉等。

○ 制定谈判策略

安排谈判进程,明确洽谈的内容,以及谈判团队由哪些人组成等等。

● 合同交底

合同交底是合同执行人员充分了解合同内容,把握合同重要条款,确保合同目标实现的重要工作步骤。合同交底由采购工程师负责组织,项目部有关人员参加,并应做好交底记录。

合同交底的主要内容包括:工程概况及合同范围;合作单位的概况及合同执行人员情况;合同约定的项目目标;合同中对材料、工序、验收等工作内容的约定;双方争议的处理方式、解决程序;发包方的主要职责,包括提供场地、图纸、道路、支付款项、下发指令等;合同双方的其他主要权利、义务。

3) 合同履行

合同是项目管理的核心依据,项目建设过程中应始终以合同的履行作为控制要点,项目管理人员应重点做好如下工作:

● 及时掌握执行过程中的动态变化,在执行合同过程中对条款产生分歧或理解不一致的问题,进行解释、完善。

● 细致完整地做好变更、索赔、纠纷等原始证据的取证工作,并对其准确性、完整性、有效性进行审定、完善;及时完成原始证据的整理、存档工作。

● 对问题或争议的产生、处理过程,进行过程原始记录和参与取证。组织或参与争议处理过程的全洽谈。

● 随着项目进程的变化,及时进行追踪管理(包括变更、索赔处理)。

4) 合同终止

合同管理工作经过准备、洽谈、签订、执行、完成等几个过程后,进入终止程序。合同的终止一般有按约终止和中途中止(双方协商或法定事由)两种情况。

● 按约终止

合同按约定履行完成后即可办理终止,终止前应落实如下事项:

○ 各部门履行会签手续,保证合同内容的完整履行

○ 合同约定的保修责任是否履行完成

○ 合同约定的项目移交、技术服务、物业培训、竣工资料提供等合同义务是否履行完整

● 中途中止

正常情况下,合同当事人应当按照约定全面履行自己的义务,但是,应当先履行债务的当事人,有确切证据证明对方有下列情形之一的,可以中止履行:

○ 经营状况严重恶化

○ 转移财产、抽逃资金,以逃避债务

○ 丧失商业信誉

○ 有丧失或者可能丧失履行债务能力的其他情形

4.4.3　采购管理的基本原则

一般情况下,采购货物、建筑工程和相关服务的方式有招标采购、谈判采购、询价采购、单一来源采购等。其中,招标采购具有公开透明、公平、公正的特点,通过多个投标人之间的竞争,有利于招标采购人从中选择优秀的产品和服务供应商。

招标投标行为是市场经济的产物,并随着市场的发展而发展,招标采购管理必须遵循市场经济活动的基本原则。

● 遵循"公开、公平、公正和诚实信用的原则"

各国立法及国际惯例普遍确定,工程项目招标投标必须遵循"公开、公平、公正和诚实信用的原则",这既是对招标行为的要求,也是对投标行为的要求。

● 依法合规的原则

招标采购的管理工作必须符合中华人民共和国法律、法规及政府招标管理机

构的要求,并应在过程中按照政府的相关规定及时完成项目各阶段应办理的招标申请、审批、备案等手续。

● 目标性原则

招标采购行为是项目目标得以实现的重要保障,是体现项目各项指标要求的具体化操作,因此,在招标采购过程中应重点做到:

○ 资格预审文件、招标文件以及合同条款中的内容必须满足项目质量、进度、造价、安全管理、文明施工等方面的目标要求。

○ 在编制招标控制价时,除了考虑项目上对材料、设备功能、技术和标准等的特殊要求外,还应符合项目成本目标的要求。

○ 编制招标采购工作计划时要统筹考虑,不仅要按预定时间完成相应的工作,还要确保采购的结果满足技术标准、质量标准和成本指标的要求,使招标安排实现进度、质量、效益的最佳组合。

4.4.4 采购管理的工作流程

随着社会的发展和技术的进步,建设项目在功能、质量、进度、造价、安全、环境管理等方面的要求越来越高,而且,整个项目参建方众多,合同关系复杂。以上这些要求决定了招标管理工作具有工作量大、工序复杂、交叉工作多等特点。例如,在项目建设过程中,进行施工总承包单位招标时必须同时进行部分设计招标和材料、设备招标,在进行各专业分包工程招标时必须同时进行材料、设备采购招标等。因此,招标采购工作必须依据项目整体合约规划的要求有序组织、周密计划。采购管理的工作流程如图 4-9。

图 4-9 项目采购管理的工作流程

1)编制采购计划

根据项目合约规划、项目总控计划的要求,招采工程师负责编制项目的招标采购工作计划。计划编制的工作程序如图 4-10。

编制采购计划时应对以下内容进行明确:

● 采购的工程、货物或服务的数量、技术规格、参数和要求。

● 所采购的工程、货物或服务在整个项目实施过程中的哪一阶段投入使用。

● 每一项采购彼此间的联系。

● 全部采购如何分别捆包,每个捆包应包括哪些类目。

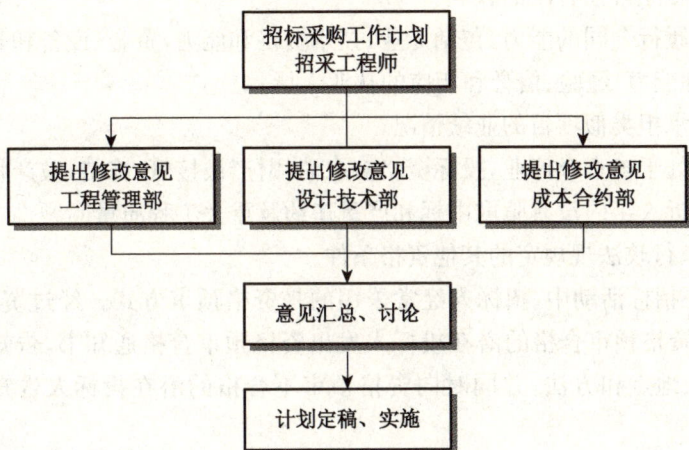

图 4-10　编制采购计划的工作程序

● 每个捆包从开始采购到到货需要多少时间,从而制定出每个捆包采购过程阶段时间表,并根据每个捆包采购时间表制定出项目全部采购的时间表。

● 限制条件。由于竞争的存在、项目的具体要求或其他条件的限制,导致某些招标采购工作必须在某些时刻完成,此外,招标过程中总会存在一些关键事件或者一些里程碑事件,这些都是招标过程所必须考虑的限制因素。

2) 办理招标申请、审批手续

办理招标申请的主要工作:

● 按照国家的法律、法规及政府主管部门的规定,收集、整理出进行勘察、设计、监理、施工及材料设备招标需满足的不同申请条件、申请程序及审批时限。

● 根据以上国家规定确定每次招标申请、审批手续的办理计划。该计划的内容主要包括申请材料的内容、各种材料的递交时间、领取相关材料的时间等。

● 及时追踪审批情况并处理其间遇到的问题,直至招标获得批准。

● 与政府主管部门建立经常性联系,确保能够及时了解政府有关招标方面的政策、规定。

3) 资格预审

对投标申请人的资格进行审查,是为了在招标过程中剔除资格条件不适合承担招标工程的投标申请人。采用资格审查程序,可以缩减招标人评审和比较投标文件的数量。资格审查程序,既是招标人的一项权利,也是大多数招标活动中经常采取的一道程序。

一般来说,资格审查方式可分为资格预审和资格后审,无论是资格预审还是后审,都是主要审查投标申请人是否符合下列条件:

● 具有独立订立合同的权利。

● 具有履行合同的能力,包括专业、技术资格和能力,资金、设备和其他物质设施状况,管理能力,经验、信誉和相应的从业人员。

● 以往承担类似项目的业绩情况。

● 没有处于被责令停业,投标资格被取消,财产被接管、冻结,破产状态。

● 在最近 3 年内没有骗取中标和严重违约及重大工程质量问题。

● 法律、行政法规规定的其他资格条件。

目前,在招标活动中,招标人经常采用的是资格预审方式。经过资格预审后,招标人应向资格预审合格的潜在投标人发出资格预审合格通知书,告知获取招标文件的时间、地点和方法,并同时向资格预审不合格的潜在投标人告知资格预审结果。

4) 编制招标文件

招标文件由招采工程师负责组织编制,其中的技术文件部分由项目专业工程师负责编制。文件的编制应以企业的《招标文件标准化模板》为基础,根据项目的特点进行补充、完善。

● 招标文件的编制要求

编制招标文件时应重点关注如下内容:

○ 根据建设工程的建设程序,结合招标计划和设计、勘察、监理、施工及材料设备采购招标的不同特点编制相应的招标文件。

○ 合理划分标段或标包。

○ 结合项目的特点,对投标人须知、招标范围及报价要求、投标文件编写、技术标准与要求、开标方法及程序、评标方法及程序、决标方法及程序等内容做出科学、细致、明确的规定。

○ 编制主要合同条款时,在依法合规的前提下最大限度地保护业主方的利益,最大限度地保证工程的质量、进度、安全,最大限度地节省项目投资。

○ 招标文件中规定的实质性要求和条件,应用醒目的方式标明。

○ 明确投标人是否可以提交投标备选方案以及对备选方案的处理办法。

● 招标控制价

招标控制价应根据下列依据编制与复核:

○ 设计图纸及有关资料、招标文件,国家规定的技术、经济标准及规范。

○ 招标控制价价格由投资、利润、税金组成,应保证其额度在已经批准的成本指标限额内。

○ 保证招标控制价已考虑人工、材料、机械台班费等价格变动因素,同时包括施工不可预见费、包干费和措施费等。

○ 考虑施工现场情况、施工方案及项目的特殊性。

● 发标前的工作

根据实践经验,很多招标文件在发出后出现了很多问题,如图纸不全或版本不对、工期时间不符合现场要求、标段划分不合理等等,结果造成工作的反复,不仅延误了时间,而且采购的质量得不到保证,为后期的现场管理带来风险。

为避免上述问题的出现,项目部应在文件发出前,组织各有关部门、单位对招标文件进行讨论、会审,确保招标文件的质量。讨论、会审的重点内容包括:

○ 技术条款的合理性

○ 招标图纸的深度是否满足清单编制要求

○ 工期要求的合理性

○ 对投标人的资质、资格要求

○ 控制价的合理性

○ 招标范围、标段的界面划分是否清晰、合理,尤其是与总包单位的界面划分

○ 招标方式、承包方式、付款方式、评定标原则等是否合理

5) 评标、定标

评标是审查确定中标人的必经程序,是保证招标成功的重要环节,评标的主要工作内容包括:

● 组织评标委员会

为了确保评标的公正性,评标不能由招标人或其代理机构独自承担,而应组成一个由有关专家和人员参加的评标委员会,负责依据招标文件规定的评标标准和方法,对所有投标文件进行评审。

● 经济评审

对所收到的投标书进行核算,详细分析各投标书中的报价及虚报,分析投标书是否存在漏报及技术错误等。

● 技术评审

对投标文件的技术评审内容主要包括:

○ 施工总体布置

着重评审布置的合理性,分阶段施工的还会审查其各阶段施工方案之间的衔接是否合理,以及如何避免与其他承包商之间在交叉作业时发生纠纷。

○ 施工进度计划

审查投标人的施工进度计划是否满足项目的总体进度要求,是否科学合理且切实可行。有阶段工期要求的工程还要审查投标人的进度计划是否满足该要求。而且,还要从投标人拟投入项目的施工机械、设备及人员的情况分析,判断投标人是否在中标后能够实现自己的这些承诺。

○ 施工方法和技术措施

主要评审各投标人所采取的施工方法和技术措施是否能保证工程的质量要求、进度要求及安全要求，并且附有相关的保证措施。

○ 材料和设备

由承包商采购的材料和设备是否在质量和性能上满足设计要求和招标文件中要求的技术规范和技术标准，必要时要求投标人报送材料和设备的样本、技术说明书或型号、规格、产地证明等材料。

○ 技术建议和替代方案

仔细分析投标人提出的技术建议和替代方案，评定技术建议是否具有可借鉴性，替代方案是否会影响工程的技术性能和质量。

● 管理能力和技术能力评价

对投标人的具体管理机构及组成人员进行综合评审，对其提交的相关资质、经验等证明材料的真伪进行调查分析，对其施工方案的可行性、科学合理性以及对招标文件的响应程度进行分析，给出客观评价。

招标工作结束后，采购工程师应负责整理招标过程中的各种资料并进行保管，并对招标资料统一分类、归档，列出具体的资料清单，以保证过程资料的完整性和信息的可追溯性。

第5章 项目的实施

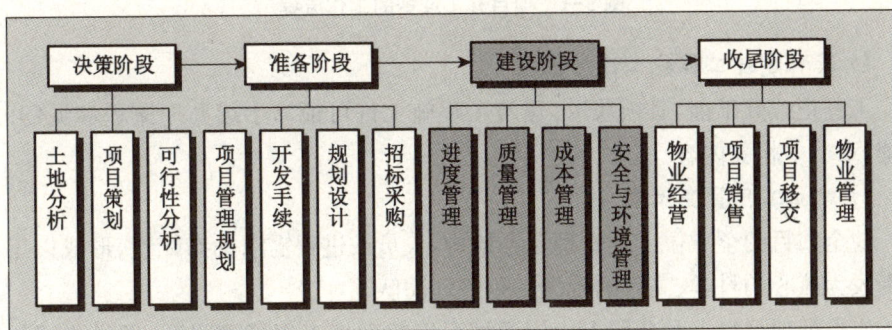

项目经过前期的组织机构搭建、项目规划、图纸设计、招标采购等一系列的准备工作,工程项目进入施工阶段,这一阶段的工作范畴主要是:

- 开工准备
- 进度管理
- 质量管理
- 成本管理
- 职业健康与安全管理

工程项目的建设施工是实现项目目标的关键阶段,而项目的各个目标之间往往又是矛盾和统一的关系。要加快进度往往需要增加投资,提高质量往往也需要增加投资,而过度缩短工期会影响质量目标的实现,这都表现了目标之间关系矛盾的一面;但通过有效的管理,在不增加投资的前提下,也可缩短工期和提高工程质量,这反映了目标之间关系统一的一面。

5.1 开工准备

工程开工前需具备经审核批准的正式施工图,完成对监理单位、总包单位招标投标工作,获取施工许可证后,方可正式开工,如图5-1。

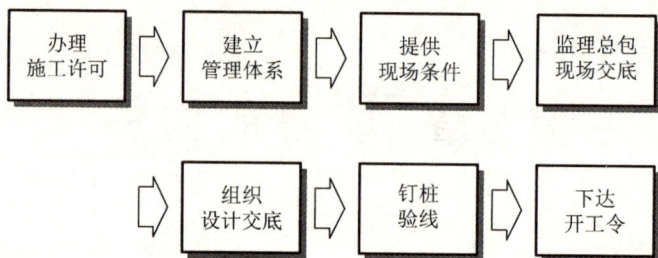

图 5-1 项目开工准备的工作流程

1）获取建筑工程施工许可证

工程正式开工前，必须获取《建筑工程施工许可证》，手续办理流程参见《开发手续》章节中相关内容。

2）建立工程管理体系

健全项目的全方位工程管理业务架构，人员按进程需求动态配置，形成以工程负责人为核心的科学、高效的现场工程管理团队。

应根据项目特点和公司人力资源情况组建现场工程管理团队，通过该团队来实施工程管理。团队中工程负责人、工程技术人员、造价专业人员、档案管理人员应尽量保持稳定，以保证工作的连续性。

3）落实建设用地条件，结合招标文件提供现场建设条件

对照土地出让合同，核实宗地现场实际情况，对于与合同条款存在差异的部分，通过相关部门向出让方反馈相应情况并寻求落实。

落实招标文件中的现场建设条件，包括水源、电源、道路、场地、排水、排污、施工障碍物、地下管线、测控桩点、邻里环境等。同时要进行以下方面的考虑：

● 尽最大可能满足现场建设需要

● 充分兼顾临时设施和永久性工程的利用

● 对于同一建设项目不同期或不同区段的临时设施及场地应做调转、切换的筹划

● 最大限度降低成本投入

4）对监理及总包进场交底

● 向监理进行全面技术交底，要求监理按照国家相关规定、合同及标书等细化监理大纲并组建项目监理部

● 与监理共同向总包全面移交场地（包括现场水源、电源、道路、场地、排水、排污、施工障碍物、地下管线、测控桩点等），同时完成现场围挡、暂设用房、道路硬化、消防通道、安全防护、水电接驳等施工前准备

● 签订安全文明施工协议,明确现场治安、消防、交通、安全施工、环保管理等责任

● 要求总包按照合同及招标、投标文件组建现场管理机构,并报人员配备、到位情况、管理架构表及联络方式等

● 批准经监理审核,由总包技术负责人签发的施工组织设计

● 督促总包及时与属地建设、消防、城管、公安等管理部门建立联系,形成受检体系

● 要求现场道路整洁,材料堆放整齐,安全防护措施到位,围挡搭设结合广告并有项目标识

5)设计交底

组织设计、监理、施工等各单位参加。首先由监理、总包以及专业咨询对设计图纸进行审查,提出图纸会审意见,书面发送设计单位。经与会各方充分讨论后,明确施工做法,进行设计文件修正与调整,以期更符合项目的建设意图和施工现场实际。

设计交底会议中,应作好下列工作:

● 介绍委托设计任务的概况

● 设计方就设计意图做透彻阐述。建筑设计要重点说明表现建筑效果的要求、施工工艺、建筑节点的处理、新材料及新技术应用的要点;结构设计要重点说明控制结构质量的要点;机电专业设计要重点明确各系统的设备材料标准、施工要求

● 施工单位提出实现设计意图而拟采取的方案和技术措施,取得设计方的认可

● 各方落实深化专业设计的工作界面及审校方式

● 认真核对专业内及专业间是否存在矛盾;现有施工技术、装备、供应条件是否适应技术难点的特殊要求

● 对图纸中的遗漏、偏差、错误等问题进行会审、校订

6)钉桩、放线、验线

● 建议直接委托政府主管部门认可的测绘单位,经政府权威部门现场检验确认

● 向施工单位提供至少 3 个测量基准点,测量基准点的准确性及精度必须满足日后使用

● 获得《钉桩通知书》后应对实际桩点验认,同时做指示标志,并以可靠措施妥善保护

● 对拟建工程,若与既有建筑、管线、道路衔接,应进行校验,保证坐标及高程的闭合

7）正式开工

在开工证件齐全、现场达到要求下，通知监理按监理规程下发开工令。

5.2 进度管理

进度管理是指在项目实施过程中，对各阶段的进展程度和项目最终完成期限所进行的管理。是在规定的时间内，拟定出合理且经济的进度计划（包括多级管理的子计划），在执行该计划的过程中，检查实际进度是否按计划要求进行，若出现偏差，要及时找出原因，采取必要的补救措施或调整、修改原计划，在与安全、质量、费用等目标协调的基础上，实现项目的建设目标。

进度管理的工作流程如图 5-2。

图 5-2　项目进度管理的工作流程

5.2.1 工作分析

进度计划是对工作和行动的事先安排，是基于对现实的认识和未来的估计。计划的实质就是充分地分析现有的和未来的条件，妥善地安排资源，利用一切可以利用的机会，尽可能地将风险减至最小。因此，编制计划的前提就是对项目工作内容进行分析，工作分析的内容包括：工作定义、工作顺序安排、工作时间估算。

1）工作定义

工作定义，就是对工作分解结构（WBS）中规定的可交付成果所产生的具体工作（活动、作业或工序）进行定义，并形成相应的文件，包括工作清单和工作分解结构的更新。

工作分解结构（WBS）是工作定义的基本依据，它包含了项目范围中所有的工作。由于 WBS 是从粗到细，分层划分的树状结构，因此根据 WBS 可以列出不同粗细程度的工作清单。

工作定义时必须考虑项目的制约因素，包括阶段性工期的特殊要求、资源和成本方面的限制、特殊的项目环境、复杂的管理流程等等。

● 工作定义的方法

○ 分解。所谓分解，就是将项目工作组合进一步分解为更小、更易于管理的具体工作,作为制订工作计划的组成部分。工作定义确定的最终成果是计划进行的工作,而不是可交付成果。这与工作分解结构(WBS)的结果不同,WBS 的结果是可交付成果(有形的物品)。

○ 模板。类似项目的工作清单或部分清单可以作为一个新项目的工作清单模板,利用模板,可以大大加快工作分解的进程。

● 工作定义的成果

工作定义的成果是一份工作清单、详细依据和修正的工作分解结构。

○ 工作清单。工作清单必须包括项目中将要进行的所有工作,以确保其完整性。与工作分解结构类似,工作清单应该包括对每项工作的说明,这样才能使项目团队成员知道如何完成该项工作。

○ 详细依据。工作清单的详细依据应该包括所有确定的假定和约束条件的文档。

○ 修正的工作分解结构。在利用工作分解结构确定必须进行的具体工作时,可能会发现需要增加或细化某一项工作,从而形成新的工作分解结构。

2) 工作顺序安排

工作顺序安排就是确定各项工作之间的依赖关系,并形成文档。为了进一步编制切实可行的进度计划,首先必须对工作进行准确的顺序安排。

● 工作顺序安排的依据和考虑因素

工作清单、工作成果的说明文件、各项工作之间的逻辑关系、其他约束条件及假设等都是工作顺序安排的依据,另外,还应对建设项目的开发程序和组织的业务流程进行了解。

工作顺序安排应考虑的因素包括:

○ 以提高经济效益为目标,选择所需费用最少的排序方案。

○ 以缩短工期为目标,选择能有效节省工期的排序方案。

○ 优先安排重点工作,如持续时间长、技术复杂、难度大的工作。

○ 考虑资源利用和供应之间的平衡、均衡,合理利用资源。

○ 技术因素。技术因素又称工艺因素,是按施工工艺关系确定的顺序关系,如钢筋混凝土工程的施工顺序一般是:绑扎钢筋→支模板→浇筑混凝土。

○ 组织因素。组织因素是按施工过程中为满足各种资源条件的组织和安排需要而建立的顺序关系,如流水施工的各工种及施工段的前后搭接关系,为安排大型施工设备进场作业而安排的顺序关系等。

○ 工期目标。不同的施工顺序将导致不同的工期,而项目的总工期是公司对项目的指标要求之一,是必须满足的约束条件,因而,制定项目施工顺序时,应考虑工期目标的因素。

○ 应考虑项目地点的环境和气候对排序的影响。

● 工作顺序安排的方法

工作顺序安排的方法很多,常用的有双代号绘图法、单代号绘图法和双代号时标网络图法。双代号绘图法具有直观、简便、逻辑关系清晰等优点,因此,笔者推荐这种方法。

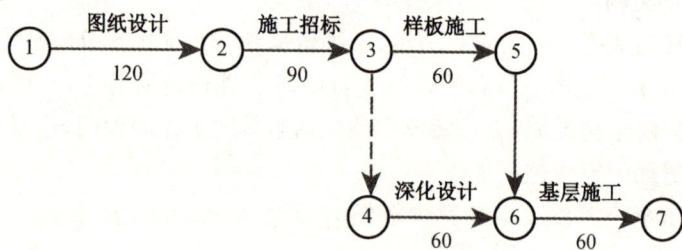

图 5-3　双代号绘图法示例

● 工作顺序安排的成果

○ 项目网络图。项目网络图就是以图的形式揭示项目工作的逻辑关系。该图可以包括项目的全部工作细节,也可以只有一个或多个概括性的工作。网络图中应附有简要的文字,对一些特殊的顺序应进行详细说明。

○ 进一步修正的工作清单。就像工作定义过程中可以对 WBS 进行修正一样,工作顺序安排也可以对工作清单进行修正。大多数情况下,修正方法是把原来的一项工作分解成多项工作,目的是画出正确的顺序关系。

3) 工作时间估算

工作时间估算就是估计完成每一项工作可能需要的时间。由于事先无法确定未来项目实际进行时将处于何种环境,所以对工作时间只能进行近似估算。

估算的工作时间应尽可能地接近现实,便于项目的正常实施。为了达到这个目的,无论采用何种估算方法,都应当考虑对未来的实际环境产生影响的因素和条件,包括工作清单、约束和假设条件、组织可能提供的各种资源配备、已识别的项目风险等。

工作时间估算的方法有类比估算、定额估算、经验估算、三点估算法和专家判断估算等。

类比估算法是通过将现在的工作与以前类似的工作相比较而得出的。将以前工作的规模和持续时间与现在预期的工作进行比较,那么现在的工作规模与以前工作规模的倍数也同比于持续时间的倍数。如果再乘以差异性系数,如复杂度,那么估算值会更准确些。这种估算方法通常用于无法获得详细信息时需要获得高水平估算的情形。

三点估算法可以用于持续时间估算非常不确定的情形。干系人提供乐观的、最可能的和最保守的估算。三点估算法是经常被采用的方法，公式如下：

某工作的持续时间＝（最乐观时间＋4×最可能时间＋最保守时间）/6

5.2.2　编制进度计划

编制项目进度计划就是确定项目工作的开始和结束时间，其主要目的是控制和节约项目的时间，保证项目在规定的时间内能够完成。在确定项目的进度之前，编制项目进度计划的过程常常必须反复进行。

工程进度计划的编制可以使用梦龙软件，采用充分显示关键线路的网络图和直观的横道图。结合项目的具体情况，应建立由总承包单位负责，项目各方共同参与编制和执行的施工计划体系，按三级进度计划进行控制与管理，必要的重点、难点部位将在三级计划的基础上编制更详尽的实施进度计划。

一级进度计划——即单位工程的施工总进度计划。

此进度计划是由施工总承包单位依据工期目标和业主要求编制的各单位工程的施工总进度计划，要求在承包合同签订 2 周内编出。此计划经过监理审查，报业主方确认后作为施工的实施控制计划。监理公司、业主方、设计单位、分包商、供货商等依此调整相应的配合工作。

二级进度计划——即分部工程施工进度计划。

此进度计划由承包单位方依据一级进度计划编制，详细的分部工程施工进度实施控制计划，此计划与分部工程施工技术方案配套形成形象部位控制计划。此计划除表现施工实体随进度的变化外，还应该包括资源计划和相关工作计划，以保证计划的实施。

三级进度计划——即阶段性施工进度计划。

此进度计划由各实施部门编制年度、季度、月度及周工作进度计划；施工单位编制年度、季度、月度及周施工进度计划。项目部和监理单位依此计划对施工进度进行检查监督。

计划体系的清晰与否，反映了一个项目标准化管理水平的高低，更是项目团队管好项目的有效工具，各级计划的作用包括：

- 分清工作任务的责任主体
- 界定工作任务的开始时间、完成时间
- 理清工作任务的逻辑关系
- 规定工作任务的合理工期

- 开展工作任务的目标指引
- 明确工作任务的完成标准

5.2.3 进度的调整

编制进度计划不是一项一劳永逸的工作。最初的进度计划是调整的起点,这些调整是基于在期限内完成任务、降低成本或满足资源约束的需要提出的。另外,项目经理经常必须对项目实施的实际情况作出反应,通过调整进度以使项目所处的时间、成本、资源或绩效回到正轨。修改进度计划的可能原因包括(但不限于):

- 为了符合项目规定的交付日期
- 为了保证产品的交付能抓住市场的机遇
- 为了推迟现金流出
- 为了适应资源的约束
- 为了应对紧急事件或危机
- 为了应对最初没有考虑到的项目需求

1)进度监测

在项目实施过程中,项目管理人员应定期对进度计划执行情况进行跟踪检查,以便及时发现问题,进度监测的工作流程如图 5-4。

图 5-4 项目进度监测的工作流程

- 跟踪检查

跟踪检查的工作包括定期收集进度报表资料、现场实地检查、定期召开现场会议。

- 数据处理

将收集到的数据进行必要的整理,按计划控制的工作项目进行统计,形成与计划进度具有可比性的数据。

- 对比分析

将数据与计划进度进行对比,通过对比,可以确定实际进度与计划进度之间是否产生偏差。常用的对比检查方法有:横道图法、S形曲线法、前锋线法等。

2)偏差分析

实际进度与计划进度产生偏差时,要对产生的原因进行分析,分析内容包括:

- 分析出现进度偏差的工作是否为关键工作

如果出现进度偏差的工作位于关键线路上,即该工作为关键工作,则无论其偏差有多大,都将对后续工作和总工期产生影响;如果出现偏差的工作是非关键工作,则需要根据进度偏差值与总时差和自由时差的关系作进一步分析。

● 分析进度偏差是否超过总时差

如果工作的进度偏差大于该工作的总时差,则此进度偏差必将影响其后续工作和总工期,必须采取相应的调整措施;如果工作的进度偏差未超过该工作的总时差,则此进度偏差不影响总工期。至于对后续工作的影响程度,还需要根据偏差值与其自由时差的关系作进一步分析。

● 分析进度偏差是否超过自由时差

如果工作的进度偏差大于该工作的自由时差,则此进度偏差将对其后续工作产生影响,此时应根据后续工作的限制条件确定调整方法;如果工作的进度偏差未超过该工作的自由时差,则此进度偏差不影响后续工作,因此,原进度计划可以不作调整。

3) 进度调整

如果必须对进度计划进行调整以满足目标要求时,可采取以下几种调整方法:

● 改变工作之间的逻辑关系

主要是改变关键线路上各工作之间的先后顺序和逻辑关系,寻求缩短工期的途径。逻辑关系的调整是不改变工作的持续时间,而只改变工作的开始时间和完成时间,且只有当实际情况要求改变施工方法或组织方法时才可进行。调整时,应避免影响原定计划工期和其他工作的顺利进行。

● 压缩子项目的工作持续时间

这种方法是不改变各项工作之间的逻辑关系,而是通过采取增加资源投入、提高劳动效率等赶工措施来缩短某些工作的持续时间,使工程进度加快,以保证按计划工期完成该工程项目。这些被压缩持续时间的工作是位于关键线路上的工作,同时,这些工作又是其持续时间可被压缩的工作。具体的赶工程序如表 5-1 所示。

表 5-1　项目赶工的程序

序号	工作方法
1	识别关键线路
2	在关键线路上选择赶工成本最低的活动,先把它的工期缩短一个单位
3	重新识别关键线路(增加的关键线路将会在某一时刻出现)
4	做出下一步的赶工决定,再次在关键线路上找出赶工成本最低的活动。如果关键线路多于一条,找出赶工成本最低的活动组合
5	重复步骤 2 到 4,直到不能再赶工。当赶工成本超过项目赶工收益的时候,或者当关键线路已经都被缩短到极限的时候,赶工就完成了

赶工是几乎所有项目都会面临的一个问题,在缺乏客观的赶工成本数据时,为了选择要赶工的任务,项目团队应该将注意力集中于关键线路,除此之外,还有其他的因素需要考虑,包括:

○ 前期活动。一般而言,压缩前期的活动比压缩后期的活动要好,这给项目交付期间出现的不可预见情况留出余地。

○ 处于瓶颈的活动。找出处于聚焦点的活动,一些后续的活动在该活动没完成之前不能开始。

○ 持续时间长的活动。在大多数情况下,持续时间长的活动比持续时间短的活动更容易找到压缩的机会。

○ 劳动力密集或技术含量低的活动。压缩一个只需增加人力投入的简单活动比压缩一个需要增加资本支出的技术依赖性活动的成本低。

○ 受不可控风险影响的活动。一些活动比其他活动更容易受到风险的影响。例如,项目的结构施工如果面临雨季的到来,那么,应该明智地尽早完成屋顶施工,特别是在预计会有暴风雨到来时。

○ 可分解的活动。一些活动比其他活动更容易分解成小部分,并分配给更多的人去完成。

总之,理性的赶工方法不仅可以帮助项目团队做出最好的选择,还能为企业高层决策提供一个逻辑合理、准备周密的解决方案。

● 关键线路的长度调整

当关键线路的实际进度比计划进度拖后时,应在尚未完成的关键线路中选择资源强度小或费用低的工作缩短其持续时间,并重新计算未完成部分的时间参数,将其作为一个新的计划去实施。

若关键线路的实际进度比计划进度提前,当不拟提前工期时,应选用资源占有量大或者直接费用高的后续关键工作,适当延长其持续时间,以降低其资源强度或费用;当确定要提前完成计划时,应将计划尚未完成的部分作为一个新的计划,重新确定关键工作的持续时间,按新计划实施。

● 工作项目的增减调整

对工作项目进行增、减调整时,需要符合的规定是:不打乱原网络计划总的逻辑关系,只对局部逻辑关系进行调整;在增减工作项目后应重新计算时间参数,分析对原网络计划的影响。当对工期有影响时,应采取调整措施,以保证计划工期的不变。

● 资源提供条件的调整

在讨论赶工措施时,我们假定所需的资源都能够得到。但在具体的项目环境条件下,这些假设并不总是成立的。资源很可能会有限制,包括人员、材料、信息、设备、资金和空间条件等。当资源供应发生异常时,应采用资源优化的方法对计划进行调整,或采取应急措施,使其对工期的影响最小。

5.3　质量管理

质量是衡量一个项目成功与否的重要指标,也是项目管理人员的最重要工作。高质量降低了因返工、工期延误而带来的成本,高质量还可以提高项目的生产率并为后期的运营创造一个稳定的环境。

质量管理是指确立质量方针及实施质量方针的全部职能及工作内容,并对其工作效果进行评价和改进的一系列工作。质量管理的目的,就是通过管理工作,使建设项目科学决策、精心设计、精心施工,确保工程项目的质量,保证投资目标的实现。

项目质量管理的工作流程如图 5-5。

图 5-5　项目质量管理的工作流程

5.3.1　确立项目的质量管理体系

参与项目建设的有关单位,都应按照国家规定的 GB/T 19001—2008 标准建立本单位的质量管理体系。但是,各单位建立的质量管理体系都是依据本单位的产品或服务范围,按照顾客的一般要求制订的。由于每个项目都具有自己不同的特点,因此,工程项目的管理者必须根据本项目的特点,对本单位的质量管理体系文件进行必要的调整和修改,以适应本项目管理的实际需要。

企业的最高管理者应对项目的质量方针给予明确,内容包括:与组织的宗旨相适应、满足项目的特性、确立质量目标及考核标准、在组织内获得资源的支持等。

质量目标通常依据组织的质量方针制定,并通常对组织的相关职能和层次分别规定质量目标。在项目的作业层次,质量目标应是定量的。

质量目标的实现不是单一的指标要求,在实际工作中,应避免为过高追求质量而牺牲其他的目标,包括经济目标、进度目标等。项目应在确保安全达标、质量合格的前提下,做到项目的综合指标最优,即"安全、质量、工期、功能和成本"的协调统一。

项目质量目标的建立包括以下三个层面的内容：

1）组织层面

在组织的层面上，质量主要是以满足项目的具体要求为中心进行明确的，包括：

● 明确产品定位中的功能需求

● 明确产品建造标准的具体要求

● 明确项目的特殊质量要求，包括新技术应用、新产品使用和特殊质量奖项的要求

这些要求的具体内容是制定目标、进行决策、绩效考核、奖励和资源分配的基础。

2）过程层面

在过程层面，质量管理人员必须明确以下事项：

● 建造过程的关键部位、关键节点的质量要求

● 建造过程的检验方法、控制方法

● 相关职能部门的质量要求

● ISO9000 体系中全过程质量管理的要求

在项目质量管理过程中严格按照国际质量认证的各项规定进行运作，同时应要求参与项目实施的所有承包商及材料供应商都已通过 ISO9000 认证。

3）执行层面

在执行层面，产出标准必须以质量方针和顾客要求为基础，这些要求来自组织层面和过程层面。这些标准包括：

● 顾客（包括外部顾客和内部职能部门）的要求

● 质量的精确度要求

● 质量的成本要求

这些要求是现场进行质量检查、监督、管理、改进以及验收的依据和标准。

5.3.2 过程控制

质量管理应采用过程控制的方法。过程控制之所以重要主要有以下两个原因：首先，过程控制是有效进行日常管理的基础；其次，如果不能使过程处于受控状态，就谈不上质量的达标和改进。

过程控制的工作包括材料设备的质量控制、施工工序的质量控制和质量管理点的控制。

1）材料设备的质量控制

原材料、半成品及设备是构成工程实体的基础，其质量是工程项目实体质量的组成部分，故加强原材料、半成品及设备的质量控制，不仅是保证工程质量的必要

条件,也是实现工程项目投资目标和进度目标的前提。

对原材料、半成品及设备进行质量控制的主要内容为:控制材料设备性能、标准与设计文件的相符性;控制材料设备各项技术性能指标、检验测试指标与标准要求的相符性;控制材料设备进场验收程序及质量文件资料的齐全程度等。

2）施工工序的质量控制

质量目标的实现,是以各工序质量的实现为基础的,控制工序质量是质量控制的关键。根据一般委托管理项目各方的承发包关系,工序质量的控制按照图 5-6 所示的程序执行,对于特殊工艺或引进工艺的施工,还应在专家指导下进行,质量检验工作也在专家的参与下进行。

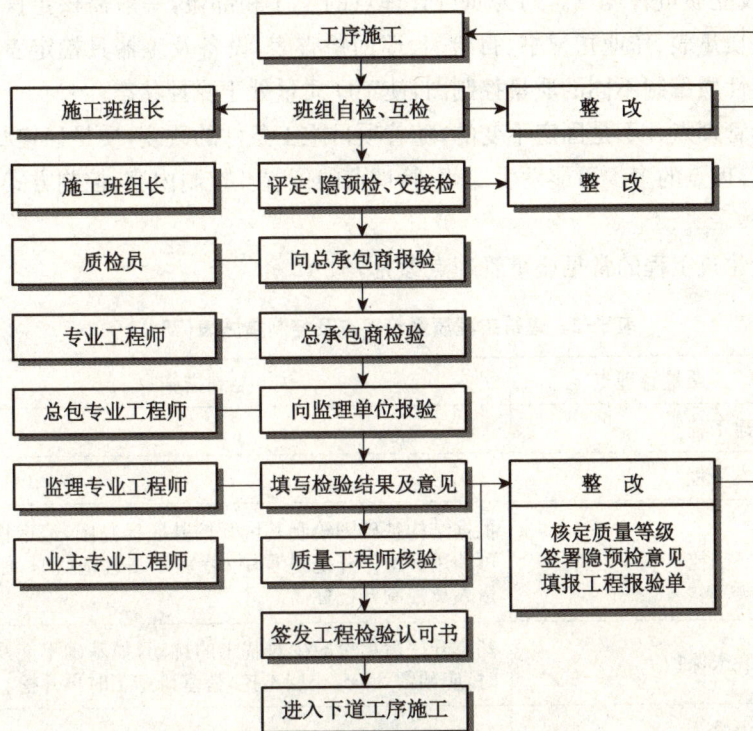

图 5-6　工序质量检验及收验流程图

3）质量管理点的控制

所谓质量管理点,是指在一定条件下、一定时期内,为实现一定的质量目标,对生产及工作中一些需重点采取措施、严加防范、重点监控的关键部位和薄弱环节。建立质量管理点的基本目的,就是使工序(或工作)质量处于受控状态,从而确保质量目标的实现。

通常设立质量管理点应考虑如下几项因素：

● 关键工序和关键部位。即关系产品使用性能、使用安全性，影响工程质量的重点工序、影响工程质量的关键部位

● 施工工艺有特殊要求或对下道工序有重大影响的工序和部位

● 质量不稳定，出现质量事故较多的工序和部位

● 顾客或以往项目调查反馈质量信息，意见较多或意见较突出的工序和部位

● 项目质量有特殊要求，需重点防护的工序和部位

通过质量管理点的设定，质量控制的目标及工作重点就能更加明晰，事前质量预控的措施也就更加明确。总之，凡是施工过程中的关键环节、质量上的薄弱部位，均要设立质量管理点。列为质量管理点的工序和部位，一般需核定操作规程，建立工序质量表、作业指导书、自检表、巡回检查表、设备及工器具检定表，并根据工序质量性质编制不同的质量控制图，使工序质量处于受控状态。

质量管理点并不是固定不变的，随着项目施工条件的改变，质量稳定状态的变化，不仅管理点的多少可能发生变化，管理点的位置及控制内容、控制方式，均可能发生改变。

一般建筑工程的常见质量管理点参见表 5-2。

表 5-2　建筑工程质量管理点及控制措施表（部分）

序号	质量管理点	控制措施
一	土建工程	
1	土方工程	
1.1	基底超挖	根据结构基础图绘制基坑开挖基底标高图，经审核无误方可使用。土方开挖过程中，特别是临近基底时，派专业测量人员控制开挖标高
1.2	基底未保护	基坑开挖后尽量减少对基土的扰动，如基础不能及时施工时，应预留 30cm 土层不挖，待基础施工时再开挖
	……	
2	地下防水	
2.1	空鼓	施工时要严格控制基层含水率；卷材铺贴时，要将空气排除彻底，接缝处应认真操作，使其黏结牢固。对阴阳角、管根等特殊部位，在防水施工前，应做增强处理
2.2	渗漏	卷材末端的收头处理必须用嵌缝膏或其他密封材料封闭；防水层施工完成后，要做好成品保护，并及时按设计要求做保护层

（续表）

序号	质量管理点	控制措施
	……	
10	屋面工程	
10.1	找平层起砂、空鼓、开裂	找平层施工前，基层应清理干净并洒水湿润，但不能用水浇透；施工时要抹压充分，尤其是屋面转角处、出屋面管根和埋件周围要认真操作，不能漏压；抹平压实后，浇水养护，不能过早上人踩踏
10.2	屋面积水	打底找坡时要根据坡度要求拉线找坡贴灰饼，顺排水方向冲筋，在排水口、雨水口处找出泛水，保温层、防水层和面层施工时均要符合屋面坡度的要求
10.3	防水层空鼓、渗漏	防水层施工时要严格控制基层含水率，并在后续工序的施工中加强检查，严格执行工艺规程
	……	
二	机电安装工程	
1	室内给水管道安装	
1.1	暗装冷热水管道渗水	暗装于墙内或吊顶内的管道一定经试压合格后，方可隐蔽，且尽量无接头
1.2	吊顶内管道滴水	对吊顶内管道，一定要做好防结露措施
2	室内排水管道安装	
2.1	排水管道倒坡	立管 T、Y 形三通甩口不准，或者其中的支管高度不准，导致倒坡
2.2	地漏过高或过低	标准地坪找准后，低于地面 2cm，坡向地漏
2.3	管道堵塞	管道立管安装完毕后，应将所有管口封闭严密，防止杂物掉入
2.4	直埋管道渗漏	防止管基不密实，受力不均，导致管道不均匀下沉。故管基础要坚硬，另外应检查管道是否有砂眼
3	室内采暖安装工程	
3.1	采暖热水干管运行有响声	干管运行时管内存有气体和水，影响水、汽的正常循环，发出水的冲击声。预控方法是采用偏心变径，而不是同心变径，在热水采暖系统中，保证管壁上平，蒸汽采暖系统保证管壁下平即可
3.2	散热器不热或冷热不均	防止管道内和散热器有杂物，而影响介质流向的合理分配或者防止散热器或支管倒坡

序号	质量管理点	控制措施
	……	
三	装饰工程	
1	门窗工程	
1.1	门窗洞口预留尺寸不准	砌筑时上下左右拉线找规矩,一般门窗框上皮应低于门窗过梁 10～15 mm,窗框下皮应比窗台上皮高 5 mm
1.2	合页不平、螺丝松动、合页槽深浅不一	安装合页时,必须按画好的合页位置线开凿合页槽,槽深应比合页厚度大 1～2 mm;根据合页规格选用合适的木螺丝,木螺丝可用锤打入 1/3 深后,再行拧入
1.3	门窗安装标高不一致	安装前先弹线找规矩,做好准备工作后,先安样板,合格后再全面安装
2	幕墙	
2.1	铝合金构件表面污染严重	运输安装过程中,不能过早撕掉表面保护膜,打胶时尽量不要污染面层,打胶后及时将表面擦拭干净
2.2	玻璃幕漏水	玻璃四周的密封条规格要匹配,尺寸不得过大或过小,镶嵌要平整严密,接口处一定要充填密实
3	墙面石材	
3.1	石材色差大	石材选样后进行封样,按照选样石材,对进场的石材检验挑选,对于色差较大的应进行更换
3.2	石材出现高低差、不平整	安装石材应吊垂直线和拉水平线控制,避免出现高低差
3.3	石材缺棱掉角	石材在运输、二次加工、安装过程中注意不要磕碰
	……	

5.3.3 质量改进

为确保项目达到预期的质量目标,应遵从计划、执行、检查、行动(PDCA 循环)的管理规律进行质量的持续改进工作,在过程中以工序质量和工作质量的持续改进为两个重点。图 5-7 是工序质量和工作质量持续改进的主要因素示意图。

质量的持续改进是质量管理的一部分,是致力于增强满足质量要求的能力的循环活动。就一个组织而言,为了提高组织的整体业绩,组织应不断改进其产品质量,提高质量管理体系及过程的有效性和效率。对项目而言,只有坚持持续改进,才能不断改进项目质量,才能满足顾客和其他相关方日益增长和不断变化的需求和期望。

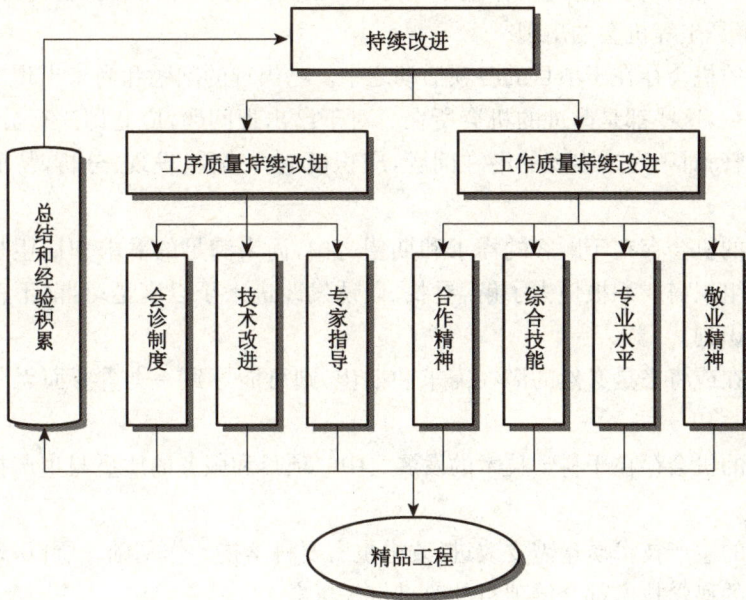

图 5-7　质量持续改进示意图

持续改进包括:过程的改进、持续性的改进、积极的改进、预防性的改进,这是持续改进的原则。

1)过程的改进

项目的所有工作都是通过过程完成的,合格的产品质量必然是合格的工作过程的结果。顾客的不满意和需要的改变,意味着对项目及其服务质量改进的要求,而即使在质量要求一定的情况下,形成项目和服务质量的过程自身仍然有必要进行改进,以提高项目和服务的最终质量。

2)持续性的改进

质量改进是在一种以追求更高的过程效果和效率为动力的持续活动。持续性的改进是客观的要求,在项目的生命周期中,顾客的需求在变化,项目的环境在变化,技术在发展,社会在进步,这些都决定着形成和支持项目和服务的过程质量必须随之变化和提高。

组织必须通过持续性的改进来获得更高的竞争能力和生存发展能力。持续改进是扎扎实实的、循序渐进的。改进是以现有水平为基础,发现问题,解决问题,打破现状,提高水平,并对改进的成果予以稳定和巩固。

3)积极的改进

改进是持续的、无穷的,改进的机会也是无穷的。抓住了改进的机会,改进才

113

可能发生。所以,质量改进工作应不断寻求改进的机会,并抓住机会,促使改进的发生,而不是坐等机会的出现。

改进的机会存在于项目的各项活动之中。已出现的问题和尚未出现的潜在问题大量存在,这些都是改进的机会所在。对于已出现问题,应立即进行分析,而不能坐视不管;对于尚未出现的潜在问题,应积极地去感受、发现、分析,从而发现问题所在。

改进的机会存在于顾客的需求和期望之中,尚未满足的需求和期望是一类改进机会。组织需要积极地去了解、寻找,以诱发改进来予以满足;目前不存在或顾客尚未意识到。

但现在或将来是必然的潜在需求和期望,则可能导致一类重要而无限的改进机会。

改进的机会存在于科学技术的发展之中。项目和服务的质量与生产技术水平直接相关。

项目的生产技术质量需要改进,改进也需要科学技术作基础。所以,现有或将来会出现的科学技术都会给项目的改进带来机会。

4) 预防性的改进

持续改进的重点在于预防问题的发生,而不仅仅是事后的检验和补救。单纯的事后检验和补救,只能使已产生的质量损失有所减少,但不能完全消除质量损失,更不能杜绝类似的质量损失的再发生。这种补救措施的改进,如返修、返工或调整既不能保证在原有质量水平上的稳定,更不能保证在原有水平上的提高。持续改进的关键问题之一是消除减少产生质量问题的原因,即进行预防性改进。这种改进是永久性的,也是根本性的。

5.4 成本管理

成本管理是通过管理活动,保证达到组织既定成本目标的过程,或是在一定的约束条件下,为达到既定成本目标采取的一系列有组织的活动。

5.4.1 成本管理的基本原则

"安全、质量、功能、工期和成本的协调统一"是项目管理的准则,同时也是对项目成本管理的基本要求。成本管理的目的是在上述准则的要求下,力争投资利用的最优化,同时建造出高品质的工程、产生最佳的经济效益,并保持效益的长久性。

成本管理应遵循如下基本原则：

1）目标管理原则

项目的成本目标确定后，应将目标成本进行分解，并用以指导后续的设计、招标、合同签订等工作。同时，根据建设进度计划和月度用款计划真实反映工程成本状况，使目标成本始终处于监控之下。

2）全面控制成本原则

全面成本控制是建设项目成本管理的核心，是从工程规划设计开始到竣工结算全部工作的全过程管理原则。要求成本管理人员对工程项目中每个环节进行事前成本预测、事中成本控制、事后的成本分析，并为工程结算审计和投资效益分析的后评估做好充分的基础工作。

3）全周期成本最优化原则

随着绿色环保、低碳节能等理念在建筑业的应用，项目成本的内涵也从过去的建设成本转变为包括运行成本和维护修理成本在内的"全周期成本"。因此，我们在制定成本目标时不仅要核算建设成本，还必须考虑到项目的安全、质量、功能以及运行成本、维护修理成本等各类因素指标，力争做到"全周期成本最优"。

4）成本动态控制原则

动态控制原则又称中间控制原则，要求成本控制工作要随着工程项目进展的各个阶段连续进行，监控过程中由于一些可变因素（如水文地质原因、设计变更、洽商、汇率的变化等）造成成本浮动状态。根据项目成本控制目标定期对成本浮动进行分析，及时评价动态成本的因果，使浮动成本置于有效的成本控制目标之内。

5.4.2　成本管理的工作流程

成本管理的基本内容包括：确定成本目标、事前成本预控、过程动态控制、结算成本管控。如图5-8。

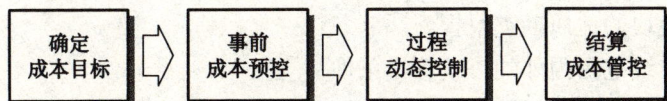

图 5-8　项目成本管理的工作流程

1）确定成本目标

基于目标管理的原则，项目在启动之初就应当对成本管理所要达成的目标进行规划，即明确目标成本。目标成本是基于市场状况，并结合项目的特点预先设定的目标。它是对项目的成本要求，是过程中检查、预警、考核的依据。项目成本管理的基本工作即是成本目标的合理确定,以及成本目标的过程控制和实现。

● 项目估算(一级控制指标)

在项目拿地阶段,为配合公司高层的决策,成本部应完成投资估算的编制工作,投资估算中应重点考虑如下因素:

○ 项目地块红线内外情况、政府公示的规划指标等信息

○ 项目周边市政条件是否成熟,尤其是红线外的大市政情况,如外电源、燃气、热力等投资比较大的项目

○ 分析项目的施工难点,有针对性地考虑合理的措施费用

○ 区域内类似产品的成本构成及价格水平

○ 以往类似工程项目的成本数据

○ 分析规划方案的成熟度,考虑部分设计变更的费用

○ 公建项目(写字楼、商业、酒店等)还应分析意向客户的需求,预留结构改造、特殊空间需求改造、用电量增加等因素造成的成本增加

○ 预期的销售方案、销售价格和资金成本

投资估算是拟建项目前期可行性研究的一个重要内容,是经济效益评价的基础,是项目决策的重要依据。投资估算的质量如何,将决定着拟建项目能否纳入公司的经营计划,因此,投资估算应力求准确。投资估算作为项目成本的一级控制指标,一般情况下不得突破。

● 设计概算(二级控制指标)

设计工作启动初期,设计技术部应在满足项目需求的基础上明确产品定位,即采用什么样的设计方案和建造标准来实现项目的效果需求、功能需求和运营需求,在此基础上进一步分析客户关注的敏感点和必要的功能性,并排列顺序,以此决定限额设计的优先顺序。这一阶段的成本测算成果——设计概算,作为项目成本的二级控制指标,原则上不得超过投资估算。

设计概算的测算依据包括:

○ 项目投资估算数据

○ 项目地块的地质勘查报告

○ 地块红线范围内外的市政管线条件

○ 经政府批准的规划设计指标及规划设计方案

○ 相关的资金成本、财务费用等

○ 以往类似工程项目的成本数据

○ 建筑、结构、机电、精装修、景观等的设计方案及设计概算

● 施工图预算(三级控制指标)

施工图纸完成后,项目部的成本经理应会同设计部有关专业人员,对成本指标

进一步进行细化、分析、论证,在不突破设计概算的前提下优化资金配置,提出重点控制项目的列表,进而指导现场的成本管理工作。这个阶段的成本指标细化工作重点考虑下述内容:

○ 以顾客的价值为导向,突出顾客关注的敏感性成本分析
○ 以达到最佳性能价格匹配为原则,细化、调整资金投入
○ 评估分析主要设备、材料的采购方案,指导采购工作
○ 评估分析功能性成本投入,控制专业分包的限额深化设计

在项目的不同阶段,成本控制指标的形成如图 5-9 所示。

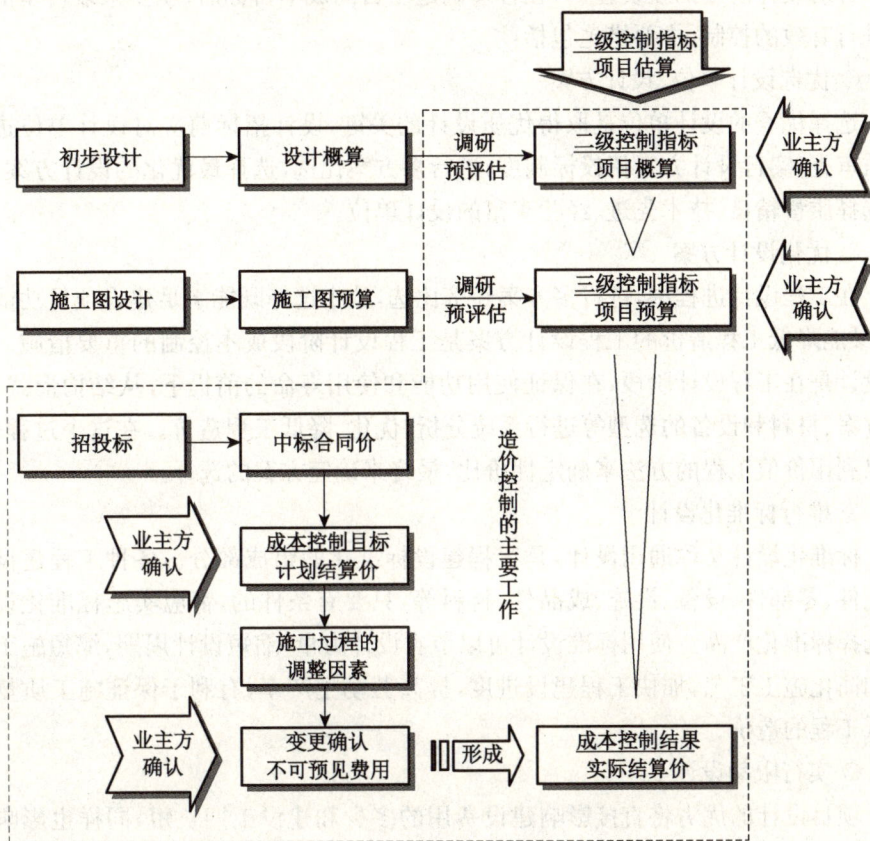

图 5-9　项目不同阶段的成本控制指标

2) 事前成本预控

项目建设全过程都在不同程度地影响着投资费用,因此,项目投资控制必须贯穿于项目建设全过程的各个环节。成本预控的工作主要在设计和采购两个阶段。

117

● 设计阶段的成本控制

根据以往的经验和大量的测算分析,人们发现,对项目投资影响最大的阶段是设计阶段的各环节。专家们指出,在规划设计阶段,影响项目总投资的可能性为75%～95%;在技术设计阶段,影响项目投资的可能性为35%～75%;在施工图设计阶段,影响项目投资的可能性为5%～35%;而在项目的施工阶段,通过技术经济措施节约投资的可能性只有5%～10%。显然,控制项目投资的关键环节在于项目施工前的投资决策和设计阶段。因而,项目投资控制,既要贯穿于项目开发建设的始终,又要把重点放在项目设计及设计前的前期策划阶段。

针对设计阶段的投资控制,在合理确定项目的成本目标后,就要采取科学的措施进行有效的控制,主要措施包括:

○ 优选设计单位、设计方案

选择优秀的设计单位是取得优质设计的关键,设计招标前应对设计单位进行资质审查,实行设计方案招投标制度,进行多方案比选,选择最优化的设计方案,从而选择质量精良、技术先进、经验丰富的设计单位。

○ 优化设计方案

在工程设计进程中,进行多方案经济比选,从中选择既能满足建设项目功能需要,又能降低工程造价的工程设计方案是工程设计阶段成本控制的重要措施。优化设计是在工程设计阶段,在保证使用功能和使用寿命的前提下,从结构形式、机电方案、材料和设备的选型等进行系统分析、优化、降低工程造价。在这个过程中,可以利用价值工程的方法来确定性价比,最终来确定方案的选择。

○ 推行标准化设计

标准化设计又称通用设计,是工程建设标准化的组成部分。各种工程建设的构配件、零部件、设备、设施、成品件、材料等,只要有条件的,都应实施标准化设计或选择标准化产品。使用标准设计可以节省设计力量,缩短设计周期,缩短施工准备和简化施工工艺,加快工程建设进度,提高劳动生产率,有利于保证施工质量和降低工程的造价。

○ 实行限额设计

项目设计的优劣将直接影响建设费用的多少和建设工期长短,同样也影响建设项目以后的使用价值和经济效益。设计人员应根据限定的额度进行方案筛选与设计,避免由于过于保守的设计,任意提高安全系数而造成不必要的浪费。

○ 严格审查初步设计概算和施工图预算

审查的目的有两个,一是促进设计单位严格执行概、预算编制的有关规定和费用标准,提高概、预算编制的质量和水平,提高工程设计的技术先进性和经济合理性。二是努力做到概、预算准确、完整,防止出现缺项、漏项,合理分配投资,保证成本目标的实现。

　　○ 认真进行图纸会审

　　在施工前,应组织设计、施工和监理单位及有关部门对施工图进行认真会审,对图纸技术上的合理性、施工上的可行性、工程造价上的经济性进行全面的审核,及时纠正设计中的缺陷和失误,力求将工程变更的发生控制在施工之前。

　　● 招标阶段的成本控制

　　招标阶段的招标文件是建设项目实施阶段性控制的关键,招标文件的主要条款,例如材料供应的方式、计价原则、付款方式等都是投资控制的重要因素。

　　○ 重视工程量清单的编制

　　工程量清单是招标文件的重要组成部分,是投标单位进行投标和进行公平竞争的基础。工程量清单质量的高低直接影响到投标者的报价和招标控制价的准确性以及施工过程中的投资控制工作,因此,工程量清单的编制必须科学合理、内容正确、客观公正。

　　编制工程量清单应注意以下几点:

　　＞ 编制依据要明确,编制时要仔细审阅图纸,了解设计原理、施工工艺、工程规范,全面了解工程的有关资料,避免出现漏项、计量不准等错误。对一些专业性较强的分部、分项工程,应会同专业工程师、设计师充分沟通,做到工程量的编制准确无误,避免日后的变更。

　　＞ 项目划分要细致,项目和项目之间的界限要清楚,作业内容、工艺标准、质量标准要清楚,既要便于计量,又要便于报价,项目划分得细致、合理,投标单位就没有漏洞可钻。

　　＞ 清单说明要清晰,尤其是对现场施工条件和自然条件的说明,要准确表述,这样便于投标单位与自己了解的情况相对照,避免施工条件不符而引起施工索赔。

　　＞ 清单的配套表格设计要合理,做到实用、直观、便于操作,这样可方便投标,也使评标工作方便快捷。

　　＞ 做好工程量清单复核工作。根据工程图纸、类似工程等来确保清单定额子目的正确,检查是否有缺项、漏项,表述是否有歧义。

　　＞ 加强事后跟踪。投标单位对工程量清单提出疑义的,应与清单编制单位仔细核对,若确属漏项和错项的,应据实调整。

　　○ 严格合同条款的约定

　　招标文件中的合同条款是签订合同的依据,因此,招标文件中合同条款直接影响工程造价的控制。合理编制招标文件中合同条款是从源头上控制工程造价最为直接的措施。在编制合同条款时,应力争做到风险量化、责任明确。

　　重点关注以下合同条款:

＞合同违约条款。应有对承包方违约的预测,以避免由于承包方的合同违约,给发包人造成不可弥补的损失。解决可能出现的违约问题的办法是增设合同的应变条款。

＞合同形式条款。合同中开口的内容如果太多,将非常不利于投资的控制。一般情况下宜采用固定总价合同,合同采用系数包干,不作任何合同开口。

＞材料议价条款。材料、设备的议价范围应尽可能地少,应仅限于市场上档次较高、差价较大,招标时不易确定的材料设备。投标时与工程施工期的材料价差计入风险范畴,发包人承担物价下降的风险,承包人承担物价上涨的风险。

＞工程计量条款。计量方法一般按工程部位和过程特性确定,以便于核定工程量和便于计算工程款为原则。

＞工程风险条款。在目前工程保险还不健全的情况下,应通过投标保函、预付款保函和履约保函等方式规范承包人的行为,降低发包人的风险。

＞双方职责条款。明确界定双方的责任,量化风险,恰当合理地描述双方的职责。对有可能发生的影响造价的事件和情况明确各方责任,避免和减少索赔、争议的发生。

○认真进行投标分析

投标分析的重点是在投标文件符合性检查的基础上,对商务报价进行逐项的检查和分析。

投标分析的重点包括:

＞检查各投价的完整性,即是否存在少报、漏报的现象,同时比较各投标报价,找出过高或过低的报价。

＞分部分项工程量报价分析,主要针对综合单价进行分析比较。

＞措施项目清单报价分析,着重分析措施项目是否满足,措施是否有保证,措施项目清单是否与投标文件中的施工组织设计相对应。

＞其他项目清单报价分析。分析每个暂定金额报价是否与招标文件其他项目清单规定的金额相一致,总承包管理费是否包括招标文件规定的每个项目,投标人是否承诺了应承担的责任及其取费的合理性。

3)过程动态控制

所谓动态成本,从本质上说是指在项目启动后的任何一个时间节点,项目成本的预结算费用。在项目进入实施阶段,由于材料、设备、劳动力的市场价格变化,以及设计变更、工程洽商等因素的影响,项目的成本目标会有一个变化,为了及时准确地反映目标成本的变化情况,可以采用《动态成本汇总表》(表5-3)进行实时测算,随时掌握成本目标的偏离程度,并针对引起偏差的因素进行分析,采取有效的纠偏措施,保证成本目标的实现。

动态成本的公式:

动态成本＝已签约合同金额＋预估合同金额＋已确认变更＋预估变更

表 5-3　《项目动态成本汇总表》(示例)　　　　　　　单位:万元

序号	合同名称	合同金额	已确认变更	预估变更	小计	备注
一	已发生					
1	合同 1	100	15	5	120	
2	合同 2	200	10	15	225	
3	合同 3	500	25	20	545	
4	合同 4	50	3	0	53	
二	待发生					
5	合同 5	300	0	0	300	
6	合同 6	600	0	0	600	
7	合同 7	1 000	0	0	1 000	
8	合同 8	120	0	0	120	
	动态成本合计				2 963	

注:此时的项目总成本费用预计为 2 963 万元,通过对比成本目标就可以知道是否在控制范围内。

根据经验我们可以知道,对于已发生的费用,将来的变化一般不会很大,或者即使发生了,也可以在控制范围内,而未发生的合同和变更则常常是成本超支的原因,因此,在成本管理的过程中,我们应把精力集中在未来发生的成本上。

通过每月的《成本月报》,可以对动态成本的构成、变化及时掌握,并且,可对异常的变更提前进行分析、测算,达到动态成本控制的目的。

施工阶段是资金投入最大的阶段,是招投标工作的延伸,是合同的具体化。这一阶段成本控制的主要工作包括:

● 把好工程材料、设备价格关

建设工程的材料费一般要占整个建安费的 60％以上,控制材料费的支出是施工阶段造价控制的关键的环节。PM 公司及造价咨询单位应广泛掌握建材行情,多进行市场调查,对需要认价的材料或设备货比三家,多方询价,做好价格签证,以达到降低工程造价的目的。

● 把好工程变更关

在施工过程中,由于各方面的情况变更经常会导致工程量的变化和一些施工做法的变化,从而影响工程造价,所以我们必须对工程变更进行有效控制。控制工程变更的关键在项目业主,应建立工程签证管理制度,明确工程等有关人员的职权、分工,确保签证质量,杜绝设计变更的随意性和借设计变更任意增加建设内容、提高建设标准,使必要的设计变更合理化、合法化。根据合同约定,签证应具有时效性,事后补签不予承认。

为了确保动态成本核算的有效性和真实性,在变更洽商的管理中推行以下原则:

○ 时间限制原则

合同中对变更及现场签证及其结算实行严格的时间限制,禁止事后补办。

○ 一单一算原则

一个设计变更及现场签证单应编制一份结算单,且对应一个工程合同。

○ 一月一清原则

每月 10 日前,成本工程师、承包单位应就截至上月末已完工且手续完备的设计变更及现场签证,核清造价并签字确认,经造价咨询单位复核无误后随进度款结清。

○ 完工确认原则

当设计变更及现场签证完工后,项目部现场工程师和监理单位工程师必须在完工后 5 日内签字确认,如属隐蔽工程,必须在其覆盖之前签字确认。

○ 原件结算原则

设计变更及现场签证的结算必须要有齐备的、有效的原件作为结算的依据。

● 做好施工记录,为工程结算提供可靠依据

由于建筑工程具有复杂性、多因素影响的特点,在施工过程中不可避免地出现一些图纸以外的工程内容,作为业主方代表的 PM 公司现场管理人员必须做好施工记录,为工程结算提供可靠的依据,避免乙方提出不合理的索赔。

● 加强合同管理,减少施工索赔

合同管理对造价控制起着至关重要的作用,项目管理人员应充分理解和熟悉合同条款。一方面要利用合同条款随时解决工程造价方面的纠纷,另一方面要全面履约,以避免索赔的发生。

4) 结算成本管控

竣工结算阶段是成本控制工作的最后一关,也是工程成本控制管理的最重要的一环。所以,要加强对这一阶段的工程成本控制,委派有较高职业道德水平、较强专业技术素质和较为丰富的编审工程结算经验的人员,严格审核工程结算。

项目造价人员应参与工程项目投资的前期和建设实施全过程的成本管理控制,及时掌握工程进行中实际产生的各种数据,实现对工程成本的动态管理。竣工结算阶段应做好以下几个方面的审核工作:

● 核对合同条款

核对内容包括:竣工工程内容是否符合合同要求并竣工验收合格;合同中约定的结算方法、计价定额、取费标准、主要价格等。

● 工程资料检查

所有隐蔽工程均已完成验收,验收记录完整,签证手续完备,工程量与竣工图一致。

● 审核竣工图

竣工图是工程实施过程的最终结果,工程签证情况和设计变更内容,只要能反映在竣工图上的必须如实反映。对设计变更还应审核变更手续,要求原设计单位出具"设计变更通知单"和变更图纸,并经各方签字确认。

● 审核现场签证项目

真实准确的现场签证是监理工程师对施工过程的现场记录。对隐蔽工程的签证内容,需同时审核施工验收记录和竣工图,看工程内容是否一致,实际操作是否按图施工。

● 审核工程量

原始施工图和竣工图是工程量的计算依据,审核之前认真阅读图纸,掌握设计变更情况和工程量计算的内在规律,按工程量清单计价规范的要求准确审核工程量。

● 审核工程综合单价

将结算项目各分项工程与原投标单价进行一一对比,招标时已有清单单价的,按原清单执行;招标时未定价的工程项目或是原清单中没有的新增项目,结算时严格按合同条款要求进行计价分析,核定综合单价。

5.5　职业健康安全与环境(HSE)管理

在目前的工程项目管理中,对安全的强调已经逐渐被健康、安全和环保这种综合管理所代替,即通过有效的管理把项目本身的危险、对社会的危害、对环境的破坏降到最低点。职业健康安全与环境管理,就是在项目建设过程中,采用过程控制的方法,最大限度节约资源,减少施工活动对环境造成的不利影响,提高施工人员的职业健康安全水平,保护施工人员的安全与健康。

健康、安全与环境管理体系——Health，Safety and Environment Management System，简称 HSE。这种体系为组织提出了这样一种管理模式，即事前进行风险分析，确定自身活动可能发生的危害和后果，从而采取有效防范手段和控制措施，以减少可能引起的人员伤害、财产损失和环境污染。HSE 突出预防为主、领导承诺、全员参与、持续改进，强调自我约束、自我完善、自我激励。

每一个项目都独立建立一套自己的 HSE 管理体系显然是不经济、不现实的，也是时间和资源所不允许的。企业可以根据自身项目的共同点，编制企业的 HES 管理体系文件以及项目管理团队贯彻 HSE 管理体系的一套模板，然后再针对具体项目特点从中选择相关部分组成项目的 HSE 管理手册，以便于在具体项目中HSE 的管理和实施。

5.5.1　HSE 管理的基本原则

实施 HSE 管理应始终遵循如下原则：

1）重在预防的原则

安全生产的基本方针是"安全第一，预防为主"。进行安全管理不是处理事故，而是在生产活动中，对于潜在的危险因素，要积极主动地采取相应的预防措施，尽可能把风险消灭在萌芽状态中，保证生产活动中人的安全和健康。

2）全员参与的原则

HSE 管理体系立足于全员参与，突出"以人为本"的思想。职业健康安全和环境管理涉及每一个人的利益，因为任何一个人的不安全行为，都可能会危及他人的健康安全。因此，必须高度重视全员的安全和环境培训，通过强制性的制度约束，改变不安全的、不利于环境的工作和操作习惯，使每一个人都牢固树立起"安全第一"和保护环境的意识。

3）持续改进的原则

应充分体现 PDCA 的工作原则，即计划（Plan）、实施（Do）、检查（Check）、改进（Action）的原则，因为只有通过 PDCA 持续改进的方式，才能确保 HSE 管理体系的适用性和有效性，实现 HSE 管理的目的。

4）全过程管理的原则

从设计、施工、调试、验收到保修，项目建设的各阶段相互关联、环环相接，只有把 HSE 管理融入每一项工作、每一道工序，才能确保项目的安全、环境和参建人员的身体健康。

5.5.2　HSE 管理的工作流程

项目的 HSE 管理是运用系统分析的方法，通过事前对工程项目可能在健康、安全和环境等方面带来危害的因素进行全方位的风险识别和危害评估,确定可能发生的危害和在健康、安全和环境等方面产生的后果,采取系统化的预防管理机制和控制措施消除各类事故、环境和健康隐患的发生,减少可能引起的人员伤害、财产损失和环境污染,从而达到改善安全、健康和环境业绩的目的。

工程项目 HSE 管理的工作流程如图 5-10。

图 5-10　项目 HSE 管理的工作流程

1) 项目的 HSE 管理目标

项目部的所有成员,包括监理、承包商、供应商和分包商,都应努力保护人员、财产和环境的安全,防止任何的伤害和意外事故。所有参建人员应作为一个项目的整体协同工作,在涉及工地安全、健康与环保等领域的各个方面都应小心行事,以确保项目能够圆满完工。

项目上的每一位人员都应接受有关培训,以培养良好的安全意识和专心、谨慎、负责的工作态度,最终实现项目的"零事故"目标。

项目 HSE 管理的具体目标一般包括:

● 死亡事故为零

● 火灾事故为零

● 车辆交通事故为零

● 环境污染事故为零

● 传染疾病事故为零

根据确定的职业健康安全与环境管理目标,项目部应随着建设进展情况,组织定期的检查、专题活动,推动、提高项目的环保和文明施工管理水平,并责成相关单位如总承包商、供货商等进行具体的实施管理,定期向业主方汇报进展情况。

2) 建立 HSE 管理组织架构

项目部对职业健康安全与环境施工实施全过程、全员管理,并编制项目施工管理文件指导项目建设。针对项目建设的不同阶段,组织编写有针对性的实施方案,对难度大的特殊作业要编写专门方案,并组织专家对其职业健康和安全施工等进行全面评估确认后方可实施。

根据确定的管理目标,成立以业主方项目经理为首,建设项目参与单位相关负责人共同参加的职业健康安全与环境施工管理委员会,组织领导施工现场的安全与文明施工管理工作。一般项目的 HSE 管理组织架构如图 5-11。

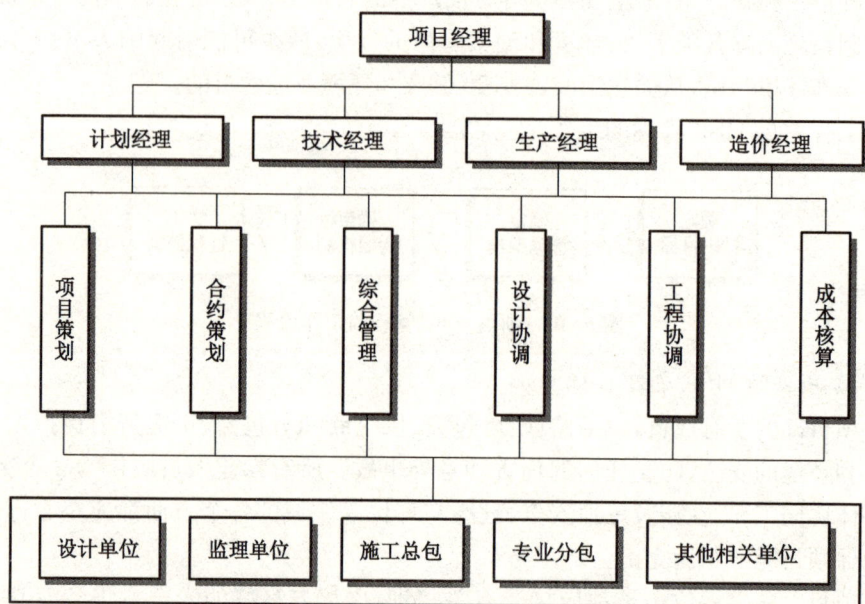

图 5-11　职业健康安全与环境管理体系图

工程建设参与各方均对建设项目实施负有相应的责任，各方共同作用构成项目实施的 HSE 责任体系。

● 业主方的 HSE 管理责任

业主是项目实施的组织者和主导方，其职责主要体现在对项目的 HSE 资金投入、提出管理要求、建立相关责任制度等方面。

○ 在编制工程概算时，应当确定建设工程安全作业环境及安全施工措施所需费用。在招标投标过程中，安全文明施工费用不得作为竞争性费用。

○ 在决策阶段进行环境影响评价，在实施阶段按照"三同时"（同时设计、同时施工、同时投入使用）要求落实环境管理措施并保证资金投入。

○ 及时向承包方提供施工现场及毗邻区域内供水、排水、供电、供气、供热、通信、广播电视等地下管线资料，气象和水文观测资料，相邻建筑物和构筑物、地下工程的有关资料，并保证资料的真实、准确、完整。

○ 向参建单位明确有关安全生产、环境保护、防治污染、职业健康以及文明施工的制度要求，协同监理单位对实施情况进行监督管理。

项目部应实行 HSE 管理责任制，确定责任人及其相应的职责、权限，如表 5-4。

表 5-4　业主方的 HSE 管理职责清单

编号	责任人（部门）	工作职责
1	项目经理	1) 是 HSE 第一责任人,负责在现场执行 HSE 管理规定 2) 为实施与控制管理体系进行必要的组织、协调、沟通等工作 3) 结合项目工程特点及施工全过程的情况,组织各参建单位制定本项目 HSE 管理办法,或提出要求并监督其实施 4) 确定安全工作的管理体制和人员,并分解、落实安全责任和考核指标 5) 组织各参建单位对施工现场定期的安全检查,发现施工生产中不安全问题,责成相关单位制定整改措施,及时解决
2	生产经理	1) 协助项目经理制定建设项目的职业健康、安全目标,贯彻实施管理计划 2) 指挥、调度现场的职业健康、安全管理,负责施工现场的有关事项,对实施的有效性负责
3	技术总工	1) 协助项目经理做好职业健康、安全管理的全面工作,负责组织编制管理计划 2) 定期召开例会,及时组织分析会,对已发生的不符合图纸和规范的内容,提出纠正与预防措施,及时向有关单位反馈各种信息
4	工程管理部	1) 全面负责项目建设期间的安全生产管理工作;负责审批和发布项目安全管理办法,批准重大安全技术方案和实施措施 2) 协助或组织对特别重大事故的调查、处理 3) 组织项目实施日、周、月安全检查制度,参加"安全生产管理委员会"每月召开的安全例会,特殊情况下组织召开紧急安全会议
5	专职安全员	1) 全面贯彻、落实安全生产方针、政策,严格执行安全技术规范、规程、标准 2) 审定监理单位的安全生产管理方案,责成各参建单位编制详细的安全施工管理方案 3) 参与审定各参建单位施工组织设计中的安全技术措施,保证其可行性与针对性,并随时检查、监督、落实 4) 督促、责成各参建单位做好安全防护设施和设备的验收工作;参加安全生产检查,对施工中存在的不安全因素,提出整改意见和办法予以消除;参加安全隐患预案的制定工作
6	成本合约部	1) 在设计合同、总承包合同签订前,制定选用"绿色产品"、推行"绿色施工"的合同条款,明确提出设计、施工中的具体要求以及采用绿色产品的种类及参数,便于今后的检查和执行 2) 在签订总承包商、供货商的合同时,在合同中明确安全职责、产品的环保参数要求,以合同形式规范总承包商、供货商的行为,确保建设项目执行国家的安全、环保法律及设计图纸相关的要求,确保工程的每一个细节能够经得起独立的环保、安全监测部门的检验

● 设计单位的 HSE 管理责任

○ 设计单位应当按照法律、法规和工程建设强制性标准进行设计,防止因设计不合理导致安全事故的发生。

○ 设计时应考虑施工安全操作和防护的需要,对涉及施工安全的重点部位和环节在设计文件中注明。

○ 在设计文件中编制环境保护篇章、提出施工过程中的环境保护措施和要点。

● 施工单位的 HSE 管理责任

施工单位是项目施工阶段安全生产、环境保护的责任主体,其主要管理责任包括:

○ 建立安全生产管理体系和安全管理制度,明确责任人,落实相关费用。

○ 在施工组织设计中编制安全技术措施,对危险性较大的分部分项工程编制专项施工方案。

○ 遵守有关环境保护法律、法规的规定,在施工现场采取措施,防止或者减少粉尘、废气、废水、固体废物、噪声、震动和施工照明对人和环境的危害和污染。

● 监理单位的 HSE 管理责任

○ 监理单位应按照委托合同的要求,对项目的工程施工安全、环境保护和文明施工情况进行现场全员、全过程的监督管理。

○ 落实国家有关职业健康、安全与环保的法律法规和规范标准,检查参建各方是否履行安全生产职责,协调项目建设各责任方关系,检查安全技术措施的落实情况等。

○ 根据工程的具体特点制定详细的安全管理大纲,具体分析项目情况,提出有针对性的要求。

○ 检查、监督总承包商、分包商、供货商等的职业健康、安全与环境保护工作,确保项目 HSE 目标的实现。

○ 通过日常巡查、不定期的检查等手段及时发现施工单位在施工中的风险因素并责令施工单位及时加以整改。

3) 建立管理沟通机制

召开会议是参建各方之间进行良好沟通的一种重要手段。通过各方的发言,分析工作中各环节存在的隐患,及时采取停工、整改或施工方案调整等应对措施,确保现场的安全生产、环境与健康。这种会议还有利于营造一个充满合作精神的沟通氛围,鼓励团队士气,鼓励良好的安全行为,更有利于执行项目的 HSE 管理制度,从而实现项目的既定目标。

项目的 HSE 例会应由总承包方项目经理主持,每周一次,或者视需要举行。会议的主要议题包括:

● 对上周的工地安全、环保、健康执行情况进行总结

● 讨论并协调有关安全生产的事由，解决承包商工作中的困难，创造安全的施工条件，使工作场所更加安全，工作更加有效

● 讨论并解决有关环境保护、健康卫生方面的问题，确认有关各方均正确履行了环保与卫生方面的管理规定，以及施工组织设计方案的要求

● 确认承包商、分包商按规定实施了安全培训计划

● 强调工地所有成员应始终关注有关工地的安全、防火、健康等方面的问题

4）实施过程控制

过程控制的工作主要包括提出控制措施要求、教育和培训、检查与纠正等几方面的内容。

● 控制措施

项目实施后，业主方责成总承包单位编制"项目 HSE 控制措施"，经监理单位、业主方审核通过后，由各承包商具体实施。

这些措施或要求主要包括：

○ 扬尘污染控制措施

○ 有害气体排放控制措施

○ 水土污染控制措施

○ 噪声污染控制措施

○ 光污染控制措施

○ 施工固体废弃物控制措施

○ 环境影响控制措施

○ 临时设施要求

○ 作业条件及环境安全要求

○ 职业健康要求

○ 卫生防疫要求

● 教育和培训

通过教育培训的方式，让现场的全体管理人员和施工作业人员清楚了解有关 HSE 管理的具体规定和要求。

○ 入场培训

入场培训是针对新进场的职工进行的培训。主要培训内容有现场 HSE 规定、现场安全手册和安全常识、紧急情况反应程序、医疗救护程序、现场安全制度以及现场过去发生安全违章行为的事例等。只有经过入场培训、考核合格，在入场培训记录上签名并经监理工程师签字认可后，才能办理现场出入证，进入现场工作。

○ 日常培训

日常培训是针对现场发生的实际问题进行的培训。一般情况下是针对现场发生的违章行为,对违章人员直接进行教育、培训。在培训中不仅要指出他们的违章行为的危险性,还要告诉他们正确的操作方法。

○ 专项培训

专项培训一般是由专业工程师就本专业的 HSE 管理内容进行的培训,它主要结合专业的特点讲述本专业的注意事项和防范措施,这种培训更具有针对性和实用性。专项培训还包括邀请消防队和医院的专家对全体施工人员进行消防知识和紧急救护知识的培训。

现场的教育和培训是提高现场施工人员安全意识的主要手段,是现场 HSE 管理至关重要的一个环节,所有这些培训都应记录在案。

● 检查和纠正

HSE 管理者应对现场实施 HSE 检查,确保健康、安全、环保的管理制度和现场要求都得到落实并发挥作用。对检查中发现的问题应及时纠正,必要时还应进一步完善 HSE 的管理系统。

○ 联合检查

业主、监理、总包三方的管理人员以及 HSE 工程师、安全人员等,应对施工现场进行联合检查,每周一次。

○ 日常巡查

日常巡查主要由监理工程师负责,目的是使施工现场始终处于动态监控中。对巡检中发现的问题要及时进行解决,把危险隐患消除在萌芽状态。

○ 专项检查

专项检查是对现场某一特定的操作和设施进行的检查。如对边坡支护、起重作业、脚手架搭设、临时用电、消防设施等分别进行的检查。

○ 例行检查

监理工程师、承包商工程师应每周进行一次施工设备、施工机具的例行检查。对施工设备、机具的检查采用合格证制度,即对检查合格的贴上合格证后才能使用。

施工承包商每周应对现场的临时用电设施、消防设施、医疗设施、劳动保护用品等进行检查并填写相应的表格。

第6章 项目的收尾

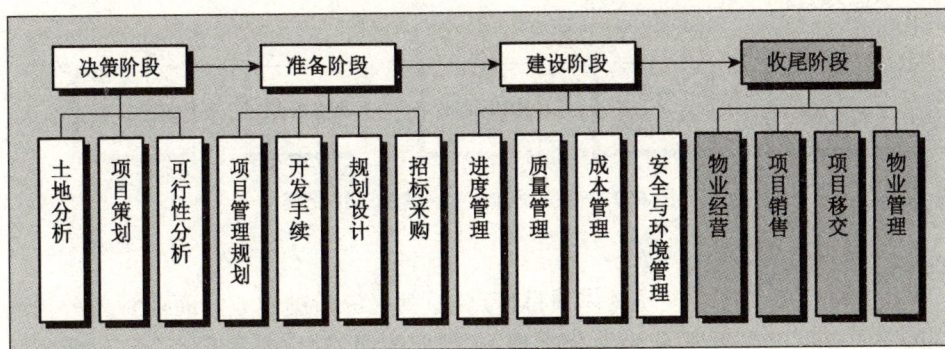

项目的收尾工作包括物业经营、项目销售、项目移交、物业管理等一系列的工作,项目收尾工作是项目最终交付前解决未完成事项的最后机会,一个在计划、组织和实施上都表现良好的项目收尾可以增强客户对项目可交付成果的满意度和信心。

收尾活动不能等到项目结束才进行,项目的每个阶段都要进行适当的收尾,保证重要的、有价值的信息不流失,在项目启动和计划阶段,管理团队应该就项目收尾制订出正式的计划。收尾的相关工作还应在工作分解结构中体现,包括任务、责任人、时间要求等,收尾阶段需要的相关资源、费用也应在项目进度计划中列出。

6.1 物业经营

物业经营,是将物业作为一种收益性资产所进行的资本投资决策、市场营销、租赁管理、成本控制、评估物业价值和经营绩效等一系列的综合经营管理活动。

要重点做好物业的商业定位与规划、商用物业招商和后续运营管理等三个环节。其中,准确定位商用物业的经营方向是项目成败的关键。同时,商用物业的招商活动是整个租赁型商用物业开发经营收益的表现形式,是下一步运营管理的先决条件。

运营管理是商业地产经营的核心,是商业地产收益实现和物业价值提升的源泉。启动物业经营工作的前提条件包括:具备项目用地获取后,作为项目总体规划设计指导文件的《市场定位报告》;具备作为项目全部营销活动的指引和行动纲要的项目《整体营销计划》;在获取土地后,依据项目策划及定位,即可开始发展意向客户,进行市场培育;在规划条件及总规图纸确定后,结合单体设计签订意向销售协议,办理相关手续;达到预售条件后,签订销售合同。

物业经营的工作流程如图 6-1。

图 6-1 商业项目物业经营的工作流程

1) 确定招商团队

根据项目的不同特性及具体项目特点,原则上应借助专业的商业管理公司进行科学的运营和管理,形成专业化管理,实现保值增值、长久发展。选定招商团队的主要工作包括:

● 选择原则

如果物业形式确定为租赁物业时,选择招商团队时应考虑如下原则:

○ 招商团队的以往业绩、在行业中的地位

○ 具备丰富的同类地产招商经验及客户资源

○ 有创新的招商理念和成熟的经营思路

○ 对今后商业经营管理、物业设施运营方式等能提供建设性意见

○ 具备在项目所在地开展工作的能力

● 选择方式

○ 确定招商模式

○ 采用代理时,预先制定选择标准及招标方式

○ 进行招商及广告代理招标,通过竞争性谈判确定团队

● 签订委托代理合同

○ 确定代理的方式、期限

○ 对资质、人员等事项提出要求

○ 商定代理费用

○ 约定双方的权利和义务

● 委托招商团队开展工作

○ 熟悉并了解项目的经营计划及建设进度

○ 进行营销策划、销售准备等工作

○ 编制工作计划并及时介入项目

2) 细化项目定位

在项目策划阶段,已对项目进行了定位,但随着开发建设时间的推移,在物业经营工作的起步时,还要对项目定位进行完善固化,为今后招商工作的全面开展提供准确的方向。主要工作如下:

● 项目定位的完善固化

对项目策划中的项目定位进行重新确认,对因时间推移而进一步发现以及改变了的因素进行适时调整。

● 市场调查的细化

○ 项目周边交通条件调查

○ 当地人口及特征调查

○ 竞争环境调查

○ 行业品牌调查

● 对目标客户群进一步明确,细化主体服务对象

○ 核心客户群

○ 中心客户群

○ 辐射客户群

● 对项目的辐射范围精确判定

○ 核心范围

○ 次级范围

○ 边际范围

● 对项目功能进一步明确

结合目标客户群、人口、竞争情况和建筑特点具体确定项目(商业地产)的功能。主要功能包含:购物、娱乐、休闲、运动、美食、人车动线等。

● 确定经营档次与形象

在商业地产中,要确定项目的经营档次、品牌及业态,并打造项目的整体形象。

3) 组织招商

招商成败是物业经营成功与否的重要前提,要制定合理的招商政策,合理安排招商期各阶段工作,最终与客户实现签约。在市场培育期选择客户应与前述"项目策划"的相关内容结合,体现出前期策划对入住客户的特征要求。

● 制定招商规划

○ 确定项目功能、各业态比例

   ○ 划分功能区、业态布局

   ○ 筛选行业的目标品牌

   ○ 目标品牌的储备

   ● 制定招商政策

   ○ 经营方式

根据财务状况及项目的自身特点,按自营、联营和租赁选择经营方式。应优先分析并采用租赁方式。

   ○ 租金制定

商业地产的租金要结合租户的位置、规模分别制定。可采取固定租金、基本租金+超额销售提成、基本租金+递增租金和低基本租金+高递增租金等四种方式。

   ○ 租赁年限

商业地产根据租户的需求、业态及规模不同,制定租赁年限。

   ○ 优惠政策

根据具体情况制定优惠政策。

   ● 招商准备

   ○ 资料准备

   ＞ 招商手册设计及制作

   ＞ 宣传彩页设计及制作

   ＞ 招商流程的制定

   ＞ 商铺平面图、CAD 建筑图

   ＞ 合同及相关资料

   ○ 招商人员培训

   ＞ 基础知识培训:商业地产(写字楼、商铺)、国内外发展及现状、术语解读等;

   ＞ 管理制度培训:招商管理制度、工作流程、合同审批流程等;

   ＞ 项目特点培训:建筑介绍、功能或业态组合、功能或业态规划、租金及招商政策、时间进度等;

   ＞ 招商问答培训:招商问题解答、招商分工、招商工期安排、功能或业态表述、项目特色介绍等。

   ○ 招商宣传

将企业品牌与项目优势相结合,通过采取电视、报纸、网络、公交广告、地铁广告、户外广告等多种宣传媒体途径进行造势,吸引客户并引进行业知名品牌。

   ● 招商执行

   ○ 招商预热

商业地产招商预热工作应以完成主力店意向签约为目标。预热的启动一般应结合开发建设的步骤,尽量给商户留出实现自身特定需求的空间和时间,以更广泛地吸引客户并避免返工改造。通过招商发布会及主力店签约仪式,推进招商工作。

○ 招商强推

＞ 在预热达到预期效果后,应开始启动招商强推工作,进入强势招商期。

＞ 在预热阶段措施的基础上,通过电视、报纸、网络、公交广告、地铁广告、户外广告等多种宣传媒体途径,在一定时期内形成铺天盖地的全方位宣传,强势吸引客户及行业资源。

＞ 招商机构也应利用以往渠道,主动挖掘行业及客户资源。

● 招商收尾

在工程竣工(完成竣工验收并取得竣工备案表)具备客户进场条件下,应组织对签约客户的招商收尾工作,进入二次装修阶段,但在这个时间段,还应关注品牌掉铺的情况,做好后续品牌储备工作。

结合剩余物业情况,制定并调整后续招商的政策措施,以达到招商工作的全面收尾。

4)筹备及开业

● 开业筹备

○ 组建管理团队

管理团队的规模视项目的规模大小而定,管理团队组织架构需包括招商推广、运营服务、工程、财务、办公室等职能部门体系。

○ 物业交付

在通过竣工验收后,组织物业管理公司及建设交付有关单位共同检验使用功能和物业条件,分清管理界面。结合物业经营管理需求,对工程质量提出整改要求。在整改完成后进行交付,正式进入物业经营阶段。

○ 租户装修

装修前,招商及物业管理等相关部门,要对租户提交的装修图纸包括平面图、外立面效果图以及水电线路图等进行审核及批准,要保证结构安全,落实配电增容条件,同时施工前必须获取消防审批、资质审查、燃气审批等行政管理许可。

○ 室内外广告管理

开业前,对项目的外墙广告结合项目整体形象进行策划及上画工作;对室内广告位,应面向开业租户进行招商工作,并安排开业前夕统一上画。同时,督促主力店自营区域内广告位同步上画,以营造开业气氛。

○ 开业推广宣传

开业推广宣传应采取电视、报纸、网络、公交广告、地铁广告、户外广告等多种宣传媒体。商业地产的推广宣传侧重对项目所在区域的居民、办公人群及商务人群。

● 开业

○ 开业日期

结合签约率、入住率、相关合同手续及相关约定等要求,选定开业日期。

○ 开业仪式

首先进行策划,确定场地及规模形式,可视情委托专业公司。仪式前要把控嘉宾邀请、开业活动、媒体邀约及发布等环节。组织落实礼仪、主持、交通、车辆管理、现场安保、消防器材、水电供应、音像、保洁及其他后勤保障等。

5) 运营管理

商业地产的运营管理重点是,要围绕统一管理的理念,进行统一营销、统一服务监督、统一物业管理,要根据业态有计划地进行安排。并结合入驻客户的需求,做好系统化的服务。

● 营销推广管理

○ 进行媒体发布

建立起与广播、电视、报纸、网络等媒体的良好合作关系,发布正面宣传资讯。其主要发布流程为:

＞ 起草软文,整理所需发布信息资料

＞ 针对活动性质不同,选择适合的媒体发布平台

＞ 与媒体联络并洽谈信息发布事宜,签订相关合约

＞ 监督信息发布情况,调查信息发布效果

○ 营销推广

根据实际出租招商情况,将已入驻的品牌企业的号召力融入营销推广工作中,并将项目已具备的管理水平、功能、配套以及优质服务方面的优势充分展示出来,进行进一步的推广。同时,大力展开推广活动、现场布置及形象包装、会员管理等后续推广工作。

a. 推广活动

在商业地产项目后续经营过程中,有计划、有步骤地进行项目品牌和进驻商业品牌推广,开展丰富多彩的文化营销活动,以提升项目知名度与美誉度。主要流程:

＞ 提前对活动进行策划,确定策划方式及团队,分析采用专业策划公司的必要性

＞ 确定活动方案,上报政府主管部门,并通知运营、物业等相关配合部门

＞ 利用自身媒体(包括灯箱广告、吊旗、POP、折页等)宣传活动

＞ 利用信息平台通知会员

＞ 组织活动

＞ 活动后,及时对活动的效果进行总结评价,为下次活动提供借鉴

b. 现场氛围布置及形象包装

配合主题推广对活动现场进行氛围布置及形象包装。主要流程:

＞ 设计主题推广画面及氛围的风格

＞ 选择点位在活动开始前完成氛围营造

＞ 主题活动后,撤换相关宣传及氛围布置

c. 会员管理

对于目标顾客根据消费金额采用分级会员制管理,以提高销售额。主要内容:

＞ 制定新会员招募办法,定期或不定期策划并宣传新会员招募活动

＞ 制定新会员入会制度、积分办法以及会员权利及义务等相关内容

＞ 定期策划会员活动,以培养会员的忠诚度

○ 后续招商管理

a. 品牌及业态调整管理

对租户要结合项目定位及品牌进行调整或清退,提升项目品质。主要流程:

＞ 收集租户信息。收集租户经营状况、盈利能力、交租能力、拓展规划、守法经营意识等经营性信息。对入驻企业还要收集其市场占有率及其发展趋势;对商业租户还要收集其吸引顾客的能力和客流贡献率

＞ 储备品牌资源。定期根据项目的业态、品牌、品类规划及调整的需要进行客户信息收集,将潜在客户资料填入《品牌资源储备汇总表》,并根据客户业态划分及品牌实力综合评价分类存档

＞ 优化品牌及业态。根据收集的租户信息,对排名靠后的租户考虑调整,并结合其业态、交租情况、占用面积及位置等信息,从《品牌资源储备汇总表》选择意向品牌进行后续招商

b. 租户租费管理

首先应按照租赁合同的约定,提供并落实各项物业服务,在此基础上,按期向租户催缴租金及管理费。主要流程:

＞ 根据实际经营情况及培育市场的需要,适时调整租费收取方式

＞ 根据合同规定,按期发放缴费通知书

＞ 对逾期未缴费的租户,再次发放欠费通知书进行催缴

＞ 对仍不缴费租户,要考虑结合法律手段进行解决

● 客户服务管理

○ 租户进场管理

对签订完租赁合同后至开业期间租户的各项准备工作提供服务及进行管理,

主要流程：

　　＞ 签约后及时签发合同执行通知单

　　＞ 依据合同执行通知单，向租户提供签订合同后应跟办的具体工作

　　＞ 审核图纸，侧重审查租户宣传效果图及平面布置图，并针对消防等各项要求及时将审查意见反馈租户

　　＞ 审查通过，在租户取得消防设计及防火等相关许可后，办理进场施工手续

　　＞ 确认租户缴费情况，为租户办理场地移交手续

　　＞ 租户装修施工期间要进行监管及协调，及时进行工程验收

　　＞ 租户取得消防局验收许可及其他相关手续，报我方备案后方可开业

　　○ 租户退场管理

在签发撤场通知单至完成退租结算这段时间内，进行租户退场管理，主要流程：

　　＞ 根据合同，确定退租日期及退租标准，告知相关部门

　　＞ 与租户确定停业时间、撤场工期、恢复标准及场地验收时间

　　＞ 提醒并督促租户办理电话、有线电视、网络等退装事宜。验收后，收回场地

　　＞ 进行退租结算

　　○ 租户报修、投诉管理

主要流程：

　　＞ 建立对应的预警、预案、人员组织、材料设备等保障机制

　　＞ 记录报修、投诉内容，启动对应预案，协调解决

　　＞ 对维修及处理结果做好详细记录备案

　　＞ 与租户进行沟通，反馈租户意见并总结完善

　　○ 消费者投诉管理

针对商业地产的消费者投诉，要以降低投诉频次为目标，处理并改进工作。主要流程：

　　＞ 接到消费者投诉后，需由一定层面的负责人出面与消费者协商解决

　　＞ 店铺内部无法解决时，要由现场运营管理人员出面协调

　　＞ 依据国家颁布的相关法律、法规处理消费者投诉

　　● 信息管理

　　○ 建设网站

根据项目实际情况建立相关网站，为项目的经营及服务提供信息平台。关注行业发展水平，及时对网站进行改进，丰富内容，提供良好的网络服务以支持经营工作。

　　○ 管理网络

按照技术及管理规定，对网络设备、网络线路及网络进行维护和管理。建立相关安全保障措施，防止网络不良侵入，确保网络系统的安全、可靠运行。

○ 管理软件系统

根据项目经营及品牌建设的需要,开发相适应的软件系统,并持续优化。定期对软件进行巡检和维护,防止数据丢失。

● 其他管理

○ 配套设施经营管理

对广告、库房、会议室、餐厅、车场、临时场地、触摸屏等配套设施,在保证提供优质服务的前提下,尽可能实现收入最大化。主要流程:

＞ 根据项目自身特点,规划及开发配套设施经营资源

＞ 走访并调查相关项目,制定配套设施经营资源租赁价格

＞ 与有意向合作的租户洽谈合作条件

＞ 签约并跟进租金及履约保证金交纳情况

＞ 合同租金及履约保证金到账后,通知现场运营管理人员,执行合同约定的相关活动

＞ 活动结束后,按合同约定,为交纳履约保证金租户办理退款手续

对商业地产配套设施的管理,还应注重对项目的功能条件、降噪、空调温湿度、新风系统、排烟系统、交通及景观环境的保持及改善。

○ 公共关系管理

与政府及其相关部门构建良好的公共关系,建立对应机制,加强信息沟通。遵守政府政策法规,了解政府相关政策法规的变化,及时调整对应。

6.2　项目销售

公寓是商业地产投资中最为广泛的一种地产形式,居住人群以商务客群为主,重视的是优秀的软硬件设施服务和便利的出行条件。

公寓销售要结合项目策划、项目定位、经营分析、规划设计、工程建设、交付使用、物业管理等,组织销售团队,进行项目形象包装、市场推广,实施销售。

销售工作要结合政策变化、市场情况、资金状况、客户储备情况等确定最佳销售时机,获取预售许可证,启动销售工作。其工作流程如图 6-2。

确定销售团队 ⇒ 制定销售策略 ⇒ 制定销售方案 ⇒ 获取预售许可证 ⇒ 销售签约

图 6-2　项目销售的工作流程

1) 确定销售团队

销售团队包括销售代理公司及广告公司,原则上应通过招标形式确定。

● 选择原则

○ 注重销售团队的既往业绩和行业地位

○ 有多样性的销售手段

○ 有创新的销售理念和成熟的营销思路

○ 是否同时代理同类竞争性项目

○ 对于科技地产的配套住宅,要考虑其在项目当地展开工作的能力

● 选择方式

○ 进行销售代理公司的招标

销售代理公司主要职能包括营销策划、销售执行、客户服务等。主要流程:

＞ 初步接洽

＞ 对符合相关条件的合作公司进行初步接触及背景调查,在符合邀标资格的情况下,按规定确定邀标对象

＞ 发送标书和答疑

＞ 开标、述标、评标,形成评标报告,按流程审批

＞ 签订代理合同

○ 进行广告公司的招标

广告公司主要职能包括品牌策划、推广策划、平面设计(住宅、配套商业、物业、客户会、公关活动等)、市场调查及分析(竞争对手、客户群品牌知名度、认知度等)、各类推广方式的创意建议(电视广告、电台、展场、软文)等。广告公司的招标流程与销售代理公司相同。

● 签订委托代理合同

代理合同条款确定流程如下:

＞ 代理形式(独家代理或多家代理)

＞ 代理期限

＞ 佣金计提方式及支付方式

＞ 进度考核

＞ 权利和义务

＞ 沟通方式

＞ 违约责任

2) 制定销售策略

● 时机策略

结合市场情况和项目进度,确定销售时机。为抓住市场时机,可对以下节点进

行合理调整：

○ 项目取得销售许可证的时间

○ 项目主体完成正负零的时间

○ 项目主体工程封顶的时间

○ 项目完成外装修的时间

○ 项目有关交楼手续已全部准备就绪的时间

○ 项目的形象与品牌推广已达到预期效果的时间

○ 项目的物业管理模式、服务项目、收费标准已确定的时间

● 价格策略

○ 高价策略：在市场需求旺盛或项目具备独特优势时采用。通过较高的利润率，规避销售率降低所带来的销售风险。

○ 低价策略：在市场竞争激烈、趋势不好时采用。通过抢先推出低价位，缩短销售周期，降低销售风险。

○ 低开高走策略：在项目滚动开发时采用。开发规模较大的项目时，在前期条件不完善的情况下，以较低价格先行部分推出，造成良好市场态势后，逐步提价以实现总体利润率。

○ 当以上策略不适应现行政策时，应根据当前市场形势及政府定价政策，调整制定切实可行的价格策略。

3）制定销售方案

● 销售计划

销售计划的内容如下：

○ 选择开盘时机，制定回款计划、回款方式、定价方法、付款方式

○ 确定销售组织、销售制度、销售流程

○ 促销策略、现场包装策略、样板间策略

○ 销售培训、销售现场管理、客户资料管理、客户服务跟踪

○ 月度资金分配、月度销售分析、竞争对手跟踪

○ 分析市场机会点、挖掘深度卖点

○ 调整销售策略、调整价格策略

○ 做好安全预案

● 推广策略

分析市场竞争环境和项目自身优劣势，针对目标市场需求，制定有效的市场推广计划，为产品上市销售做好准备。推广策略的制定流程如下：

＞ 市场推广主题定位：市场推广主题、市场推广概念、项目核心卖点提炼

＞ 项目案名建议

➢ 广告策略：广告推广阶段计划、广告推广目标、诉求人群项目诉求重点、各类广告创意（报纸、户外、视听传媒等）

➢ 媒体投放策略：媒体选择、媒体组合、投放预算、媒体计划、媒体排期

➢ 公关策略：媒体公关、软文撰写、公关活动策划、协助活动执行

● 媒体传播

○ 编制广告计划及广告预算

以年度、季度或针对某一项目拟定广告计划，包括宣传目的、重点、市场及受众分析、媒体分析及各媒体广告资金投入比例，并作出年度、季度或针对某一项目的广告预算。

○ 选择媒体

应根据目标客户的行为习惯和媒体效果选择媒体。有计划有侧重地搭配使用媒体，提高传播效率，扩大覆盖面，多层次多角度向目标客户传播信息，加强目标客户对项目的了解。定期进行分析，及时调整广告媒体及广告诉求点。

○ 创意和广告文案

对市场、对项目、对客户充分了解和细致分析后，进行细致可行的创意。编制大众化、通俗化、简洁、精确、有冲击力的广告文案。

○ 效果测定

通过销售部门反馈和专项问卷调查等方法，随时对广告达到效果、注意率、电话咨询、购买意向等进行测定，分析原因，调整广告计划和诉求点。

4）获取预售许可证

● 获取条件

○ 交付全部土地使用权出让金，取得土地使用权证书

○ 获取建设工程规划许可证和建筑工程施工许可证

○ 按照地方政府对工程建设总投资的比例要求，按期投入开发建设资金，并明确施工进度和竣工交付日期

● 准备申领资料

根据当地政府主管部门的要求，准备好申领资料。

表 6-1　申请预售许可证资料清单（示例）

序号	资料名称	说明	资料是否具备
1	商品房预售许可申请表		是 □　否 □
2	法人授权委托书		是 □　否 □
3	企业法人营业执照副本		是 □　否 □

（续表）

序号	资料名称	说明	资料是否具备
4	房地产开发企业资质等级证书		是 □　否 □
5	国有土地使用证		是 □　否 □
6	抵押权人同意抵押房屋销售的证明	涉及在建工程或土地使用权抵押的，需提供	是 □　否 □
7	出让合同		是 □　否 □
8	已交清全部出让金证明		是 □　否 □
9	建设工程规划许可证及附件、附图以及规划管理部门出具的建筑物名称核准证		是 □　否 □
10	建筑工程施工许可证		是 □　否 □
11	建设方案及施工合同备案表	经备案并在住建委网站公示的	是 □　否 □
12	按照申请预售商品房计算，已投入开发建设资金达到规定比例要求的证明材料	由开户银行出具	是 □　否 □
13	绿化管理部门认可机构出具的确认商品房范围内的证明文件	对于绿化隔离地区内的项目	是 □　否 □
14	预售方案		是 □　否 □
15	项目核准批复		是 □　否 □
16	房屋预售测绘成果备案表		是 □　否 □
17	施工进度计划		是 □　否 □
18	开设预售资金监管账户、签订监管协议、项目用款计划		是 □　否 □
19	项目开发手册执行情况确认书		是 □　否 □
20	分层平面图		是 □　否 □
21	价格表		是 □　否 □
22	其他地方政府特定需提供资料		是 □　否 □

● 领取预售许可证

根据当地政府主管部门的要求，按程序领取预售许可证：

＞ 住建委受理预售许可申请后，出具物业核查单，由物业科核实无误

＞ 申请预售许可的项目经审核符合预售许可条件的，在房地产交易管理网对

该项目预售许可信息预告

＞预告期满后,房地产开发企业携带《国有土地使用证》《商品房项目销售备案登记表》、办理销售机构备案手续的《委托书》及受托人身份证件到住建委领取预售许可证

5) 销售及签约

● 销售前准备工作

○ 销售合同及附件的确定

○ 按揭银行的确认

○ 编制认购程序、签约程序、付款程序等

○ 折扣、退定、解约、换房、退定、退房等其他事项的办理

● 商品房销售

＞初步接洽

＞了解购买意愿

＞跟进洽谈

＞签订合同

＞建立销控表、销售台账、统计报表等

● 销售管理

○ 管理销售代理

重点考察其在本项目上完成业绩情况,并监督其销售人员是否对客户做出超出允许范围的承诺。

○ 开展信息管理

通过客户信息管理、合同管理、销控管理和客户情况统计分析,在保证正常、高效的销售工作秩序的情况下,及时、准确调整销售方案,为售后工作及档案整理打下良好基础。

○ 整理归档

将房屋销售过程资料进行整理、汇总,按相关管理规定分别归档。

6.3 项目交付

项目交付阶段的工作主要包括竣工验收、项目移交、试运行保驾和产权办理。

6.3.1 竣工验收

建设项目竣工验收是项目从建设阶段转入运行使用阶段的必经程序,是对建

设工程整体设计质量和建造质量的全面检验。竣工验收的工作流程如图 6-3。

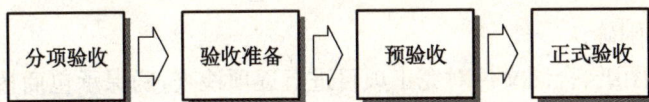

图 6-3　竣工验收的工作流程

1) 分项验收

以北京地区为例,项目竣工验收前,应根据相关政府部门的要求完成相关的专项验收、检测等工作,如表 6-2。

表 6-2　专项验收工作清单(示例)

项目名称:

序号	验收项目	报审部门	取得文件	责任单位
1	电梯验收	北京市特种设备检测中心	电梯验收检测报告	电梯公司
2	消防、电检	有资质的消防检测机构	相关检测报告	消防公司
3	消防验收	北京市消防局	建设工程消防验收意见书	消防公司
4	水质检测	北京市卫生防疫站	水质检测报告	总包
5	环保检测	有资质的环保检测机构	室内环境质量检测报告	总包
6	节能验收	有资质的节能检测机构	节能检测报告	总包
7	档案预验收	北京市城建档案馆	建设工程档案预验收意见书	总包
8	规划竣工测量	有资质的测量机构	竣工测量检验报告	总包
9	规划验收	北京市规划委员会	建设工程规划核验意见	业主
10	四方验收	建设、监理、设计、施工	单位工程质量竣工验收记录	业主

2) 验收准备

为了确保项目竣工验收工作的顺利进行,应充分做好如下主要准备工作:

● 明确验收时间,抓紧工程收尾

根据项目总体计划的安排,提前向各参建单位明确竣工验收的最后时间,督促总包单位及各分包单位列出未完工程的详细列项清单及完成时间。由于收尾工程具有零星、分散、局部工作量小、分布面广、施工功效低等特点,很容易拖延工期,因此,必须提前安排、合理组织,务求早日完成。

● 严格控制质量

项目的竣工验收主要是对项目完成质量的验收,因此,业主单位、管理公司、监理单位必须针对工程质量进行复查、记录,并要求相关责任单位对不合格项目限时修复。

● 合同范围确认

对照施工图纸、合同文件对完工项目进行逐项检查,确保承包商按照约定的内容完成了项目的全部工作内容。

● 档案资料整理

项目资料管理人员应按照规范和政府部门的要求,对项目所有档案资料分类编目、装订成册。档案资料一般包括以下主要内容:建设项目所有申报及批复文件;建设项目开工报告、竣工报告;竣工工程项目一览表(含工程名称、位置、面积、概算、装修标准、功能、开竣工日期);设备清单(含设备名称、规格、数量、产地、主要性能、单价、备品备件名称与数量等);建设项目土建施工记录,隐蔽工程验收记录及施工日志;建筑物的原形测试记录(含沉降、变形、防震、防爆、绝缘、密闭、隔热等);设计交底记录、设计图纸会审记录、设计变更通知书、技术变更核实单等;工程质量事故调查、处理记录;工程质量检验评定资料;工程监理工作总结;调试、试运行原始记录及总结资料;环境、安全卫生、消防安全考核记录;全部建设项目的竣工图;各专业验收组的验收报告及验收记录等。

● 编写竣工验收报告

事先准备好竣工验收报告及附件、验收证书,以便在正式验收时提交验收委员会或验收小组审查。

3) 预验收

对于工程项目规模比较大、技术复杂程度高的项目,为保证项目顺利通过正式验收,在验收准备工作基本就绪后,业主方应会同设计、监理、总承包及分包单位组成预验收小组,对工程项目进行预验收。预验收的主要工作内容包括:

● 检查、核实竣工项目所有档案资料的完整性、准确性是否符合档案要求
● 检查项目建设标准,评定质量,对隐患和遗留问题提出处理意见
● 检查机电设备的调试、试车情况
● 督促施工单位对质量缺陷进行修复,对未完项目进行完工
● 编写竣工预验收报告

4) 正式验收

预验收合格后,由业主单位向政府行政主管部门提出正式验收申请报告。正式验收的主要工作有:

● 提出正式验收申请报告

项目业主在确认具备验收条件、完成验收准备或通过预验收后,提出正式验收申请。

● 成立竣工验收小组

竣工验收小组由业主单位的负责人牵头,设计单位、监理单位、总承包单位以及其他相关单位的有关人员参加。

● 召开竣工验收会议

会议由业主代表主持,以大会和分组形式履行以下主要职责和任务:

○ 听取项目建设工作汇报。包括项目业主关于项目建设的全面工作汇报和有关设计、施工及监理单位的工作总结报告。

○ 审议竣工验收报告。含验收申请报告、预验收报告及其发现的问题处理情况。

○ 审查工程档案资料。如建设项目可行性研究报告、设计文件、有关重要会议纪要和各种批文、主要合同、协议;单项工程验收、各项专业验收以及竣工图资料等各项主要技术资料和项目文件。

○ 查验工程质量。实地查验建筑工程和设备安装工程,对主要工程部位的施工质量和主要生产设备的安装质量进行复验和鉴定,对工程设计的合理性、可靠性、先进性、适用性进行评审鉴定。

○ 核定遗留收尾工程。对遗留工程与问题提出具体处理意见,限期落实完成。

○ 核实移交工程清单。包括各类建、构筑物,主要设备等。

○ 作出全面评价结论。对工程设计、施工和设备质量、环境保护、安全卫生、消防等方面,作出客观、真实的评价,对整个工程作出全面验收鉴定,对项目投入运行作出可靠性结论。

○ 通过竣工验收会议纪要。讨论通过竣工验收报告,提出使用建议,签署验收会议纪要和竣工验收鉴定证书。

全面竣工验收结束后,项目业主应将项目及其相关档案资料移交给项目使用单位,办理项目移交手续。并向当地建设主管部门和城建档案管理部门办理备案手续。

6.3.2　项目移交

商业项目的移交是指项目竣工验收合格后,向客户移交现场工程条件的工作。这里的客户包括写字楼、公寓、商铺等,其移交的程序基本一致,但由于写字楼涉及的工程条件、机电系统相对复杂,本小节主要阐述写字楼的移交程序,公寓、商铺等的移交程序可参考执行。

项目移交是项目收尾的一项重要工作内容,对项目需求的清晰描述是开展收尾工作的重要依据。同时,为了确保项目的顺利移交,在项目启动初期即提请写字楼使用单位或其委托的物业公司做好项目接管的准备工作,包括物业人员招聘、参与方案评审、参加工程验收等。

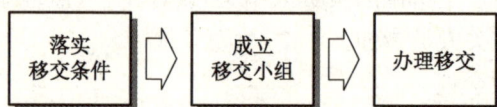

图 6-4　项目移交的工作流程

1) 落实移交条件

项目部应编制《项目移交条件清单》，并随项目进展按照清单逐条落实，清单内容包括：

● 建设工程竣工验收合格，取得规划、消防、环保等主管部门出具的认可或者准许使用文件，并经建设行政主管部门备案

● 供水、排水、供电、供气、供热、通信、公共照明、有线电视等市政公用设施设备按规划设计要求建成，供水、供电、供气、供热已安装独立计量表具

● 教育、邮政、医疗卫生、文化体育、环卫、社区服务等公共服务设施已按规划设计要求建成

● 道路、绿地和物业服务用房等公共配套设施按规划设计要求建成，并满足使用功能要求

● 电梯、二次供水、高压供电、消防设施、压力容器、电子监控系统等共用设施设备取得使用合格证书

● 园林绿化效果到位，道路平整完善；剩余堆料、暂设等不影响交房

● 物业使用、维护和管理的相关技术资料完整齐全

● 法律、法规规定的其他条件

2) 成立移交小组

项目建设后期，应成立以项目建设单位代表为牵头人的项目联合移交小组（以下简称联合小组），会同项目使用单位的有关人员对项目进行全面验收，并办理移交手续。

联合小组成员应包括：建设单位、管理公司、使用单位（或其委托的咨询公司、物业管理公司）、监理公司、总承包、相关分包单位、设备供应商等。

考虑一般的工程项目建设内容和其规模大小，为体现专业职能分工和对项目验收移交的有序组织，联合小组应分为土建装饰、机电设备和资料三个小组，分别对相关的工程范围、实体内容、档案资料等进行验收、接收。

为提高工作效率，保证验收移交的效果，联合小组应根据专业分工的组织安排，分别开展工作。其中，档案资料组负责档案资料的检查接收，包括产权资料、竣工资料、设计资料和施工资料；土建、装饰组负责现场建筑实体的查验，包括主体结

构工程、建筑屋面工程、装饰装修工程等；机电、设备组检查的工程内容主要包括建筑给水、排水及采暖工程、建筑电气工程等。

3）办理移交

移交小组应根据项目特点和接收单位的要求，编制项目移交工作计划，并交联合小组讨论，经各单位确认后按计划规定的时间开展相应的移交工作。移交程序一般包括以下几个步骤：

● 物业培训

物业培训是项目移交工作的一部分，总包单位及相关分包、设备供应商应会同物业人员共同编制《物业移交培训方案》，方案中包含培训时间、培训内容、培训人员、培训记录等内容。方案编制完成并经业主、监理审核后，下发各有关单位执行，监理单位安排专人负责计划的实施。

培训工作开始前，培训单位应准备好相应的图纸、说明书、培训课件等相关资料。按照计划节点，每项完成的工作均应由业主方、培训方、物业方、监理方进行记录、会签。

● 资料移交

总包单位资料管理人员负责对移交物业的项目资料进行收集、整理、汇总，向物业移交后办理接收签字手续。主要资料内容包括：

○ 竣工总平面图，单体建筑、结构、设备竣工图，配套设施、地下管网工程竣工图等

○ 共用设施设备清单及其安装、使用和维护保养等技术资料

○ 供水、供电、供气、供热、通信、有线电视等准许使用文件

○ 物业质量保修文件和物业使用说明文件

○ 承接查验所必需的其他资料

未能全部移交前款所列资料的，总包单位应当列出未移交资料的详细清单并书面承诺补交的具体时限。

● 静态移交

联合小组根据设计说明、图纸、材料做法表、工作委托单、变更单等资料，对工程的表面观感质量、机电系统的完整性进行检查、验收，符合并合格后，签署《项目静态移交单》。

● 动态移交

联合小组根据设计说明、图纸、设备说明书、设备操作手册等资料，对设备的运行状况进行性能测试、验收，符合并合格后，签署《项目动态移交单》。

● 遗留的问题

项目移交过程中，不可避免地会有一些遗留问题。联合小组可委派监理单位

负责对过程中需要修复、补全、替换、整改的事项进行记录、拍照,经汇总后填写《项目移交问题清单》。《项目移交问题清单》中必须列明要求责任单位限期完成的时间表,此表经联合小组中各单位代表签字确认后,作为签署《项目移交证书》的附件。

● 项目移交证书

项目使用方确认项目建设方按照合同约定完成全部施工内容,并且已经对未完成工作和缺陷在缺陷保修期满之前如何解决做出安排的情况下,办理正式移交手续,并签署《项目移交证书》,项目进入保修程序,总包单位向使用单位提供《项目保修协议书》《保修人员通信表》。

承包商、供货商收到保修服务请求后,在保修协议的约定时间内,负责对问题进行检查、回复、修整、保养、更换等工作,直至解决问题。如问题范围较大(超出了单项保修协议的约定),涉及多个承包商、供应商时,则应及时联系总包单位进行协调,并在总包单位的统一协调下联合作业,直至问题解决完毕。

按照上述工作流程、工作内容完成检查、检测、审核等工作后,联合小组应针对项目移交工作进行总结。

6.3.3 项目试运行

试运行工作是工程项目建设全部按设计文件规定的内容建成,并符合设计要求的施工及验收规范的规定,经竣工验收合格,即可按照试运行计划进行试运行。

试运行是对建设项目的设计、采购、施工、安装等工作质量的综合考核,是对项目质量的最终检验和试验。

试运行阶段的主要工作内容如图 6-5。

图 6-5 试运行阶段的工作流程

1) 成立工作小组

项目移交组在此阶段转为项目试运行保驾组,组织好各方力量,落实保驾人员、设备、备用材料,审视各种因素进行风险分析,制定各类专项预案,确保项目的试运行顺利。

2) 编制试运行方案

为确保试运行工作的有序进行,由总承包单位负责编制《项目试运行保驾方案》,各相关单位按照方案的内容完成各自相应工作。保驾方案应包括:项目试运行说明、保驾人员名单、备品备件清单、工具准备清单、应急预案、相关技术说明书等。

运营保驾的相关费用应在施工合同中予以明确。

3）试运行准备

● 现场准备

承包单位负责试运行现场的各项准备工作，包括现场清理、设备、管道内外部的清理以及电气、仪表等调试。确认各项准备工作已经完成，并达到规定的标准。

● 资源准备

业主方负责落实相关的资源准备，包括备品备件、水、电、气、热源的供应。承包方要检查其质量和供应情况，以确认符合设计文件和试运行进度的要求。

● 编制《试运行系统清单》（表 6-3）

试运行各方针对清单中内容逐项进行运转、测试、调整，以确保系统的有效性。

表 6-3　项目试运行系统清单（示例）

序号	系统名称	子系统名称	试运行时间	说明
1	暖通空调系统	通风空调系统		
2		热力站系统		
3		制冷机房系统		
4	强电系统	高低压配电系统		
5		柴油发电机系统		
6		照明系统		
7		电梯系统		
8		夜景照明系统		
9	弱电系统	消防火灾自动报警系统		
10		门禁系统		
11		消防联动系统		
12		保安监控系统		
13		广播系统		
14		网络综合布线		
15		手机信号覆盖系统		
16		停车管理系统		
17		楼宇控制系统		
18		信息发布系统		

（续表）

序号	系统名称	子系统名称	试运行时间	说明
19	弱电系统	会议系统		
20		卫星及有线电视系统		
21		数据机房系统		
22	给排水系统	给排水系统		
23		太阳能热水系统		
24		消火栓系统		
25		消防喷淋系统		
26	其他	幕墙百叶遮阳系统		
27		幕墙电动窗开启系统		
28		自动门系统		
29		总钥匙系统		
		……		

● 安全保障

试运行范围内的安全设施（如禁区的设置、系统之间的隔离、防火设施以及应急预案等）由业主单位组织策划，承包方负责检查、指导、落实。

● 试运行记录

所有试运行项目均需填写试运行质量记录，并需监理单位、总承包单位、业主方代表、物业人员签字确认。试运行记录的格式、内容和份数按国家现行规定执行。

做好质量维修记录和分析报告，对已交付使用工程的保修和回访工作严格管理。

6.3.4　产权办理

产权办理分两个步骤，首先是办理开发商初始登记，就是所谓的大产权，完成后办理转移登记，即小产权证。

1）办理开发商初始登记（大产权证）

● 落实办理条件

○ 房地产开发企业已经办理完毕实测成果备案，上传实测房屋数据并领取《测绘成果备案表》。

○ 房地产开发企业在系统中将楼盘数据导入并登录北京市房地产交易管理

网,将已上传的实测数据导入至系统内。

　　○ 已取得预售许可的楼栋需通过系统建立房屋实测及预测数据的对应关系,取得实测和预测的数据对应表。

　　● 准备申报材料(表 6-4)

表 6-4　房屋初始登记申报材料(示例)

序号	资料名称	说明	资料是否具备
1	登记申请书		是 □　否 □
2	申请人身份证明		是 □　否 □
3	国有土地使用权证		是 □　否 □
4	建设工程规划许可证		是 □　否 □
5	工程规划验收合格证明		是 □　否 □
6	建筑工程施工许可证		是 □　否 □
7	建设工程竣工验收合格证明		是 □　否 □
8	联建房屋提交联建协议原件、立项批复		是 □　否 □
9	房屋面积测绘技术成果报告,包括公用建筑面积分摊原则和部位说明原件;房屋登记表、房产平面图原件两份;测绘成果备案表原件		是 □　否 □
10	公安局出具的门楼牌编号证明信		是 □　否 □
11	预售房号与现房房号对照表原件	预售商品房项目	是 □　否 □
12	其他相关辅助材料		是 □　否 □

　　● 办理流程

　　＞ 房地产开发企业在系统中填写初始登记申请信息

　　＞ 在线打印《房屋所有权初始登记申请书》和《房屋状况附表》

　　＞ 预售房屋的还需在线打印《预售房号和现房房号对照表》

　　＞ 携带初始登记申请材料到房屋权属管理部门审核

　　2) 办理转移登记(小产权证)

　　● 落实办理条件

　　○ 房地产开发企业已经办理完毕项目初始登记,并办理完毕项目立项

　　○ 房地产开发企业登录房地产交易管理网填写完毕房屋转移登记的相关申请信息

○ 按要求在线打印《房屋所有权转移登记申请书》《房屋状况附表》

○ 进行契税和公共维修资金的缴纳工作

○ 按照当地政府及管理部门的要求,携带相关材料至权属登记部门申请办理

● 准备申报材料

○ 登记申请书原件

○ 申请人身份证明

○ 房屋买卖合同原件

○ 签订预售合同的,买卖双方关于房号、房屋实测面积和房价结算的确认书原件

○ 房屋登记表、分户平面图两份原件

○ 专项维修资金专用收据

○ 契税完税或减免税凭证原件

○ 委托代理人登记的,应提交授权委托书原件、委托人身份证明、受托人身份证明;授权委托书记载的委托事项、权限应明确;授权委托书经公证的,可不再核对委托人的身份证明原件

○ 根据政府要求所应提供的其他资料

● 领取《房屋所有权证》

到权属登记部门领取《房屋所有权证》,对于全款支付的应发放给房屋产权人,对于按揭贷款的,取得后交送银行。

6.4 物业管理

物权法规定,业主可以自行管理物业,也可以委托物业服务企业或者其他管理者进行管理。物业管理包括业主共同管理的过程,和委托物业服务企业或者其他管理人进行的管理过程。

最基本的物业管理主要是公共性的管理和服务工作,同时,应根据自身能力和需求,采取灵活多样的经营机制和服务方式,提供面向住户、群体和单位各项针对性的专项服务工作和委托服务。规范化、品质化的物业管理服务和品牌,可以带来高附加值的业绩,也在房地产的持续开发过程中发挥着重要的支撑作用。

建设初期应确定物业顾问公司,使物业公司前期介入,结合管理经验参与设计、施工提出物业意见;租售前应确定物业管理公司,使物业公司中期介入,配合验收及租售工作,开始进入物业管理程序。

物业管理的工作流程如图6-6。

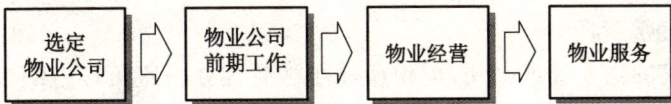

图 6-6 物业管理的工作流程

6.4.1 选择物业管理公司

物业管理,应根据项目特点、经营模式等选择与自身条件相符的专业管理单位。商业地产中等涉及品牌(例如酒店)的物业,应委托相应的经营管理单位。

1) 确定投标人条件

● 资质等级

● 项目吻合度

● 服务业绩

● 人员架构

● 诚实守信

2) 物业管理公司招标

原则上物业公司应通过多家竞标等方式,以委托形式确定。

● 确定邀标对象

对符合上述条件的合作公司进行初步接触及背景调查:

○ 组织机构

○ 管理操作规程

○ 管理(服务)范围

○ 管理预算

○ 收费标准

○ 管理业绩

○ 同类项目管理水平

○ 管理项目分布情况

○ 合作方式等情况

● 发送标书和答疑

● 开标、述标、评标

● 形成《评标报告》,按流程审批

● 签订物业服务合同

○ 明确管理方式

○ 明确管理事项

　　○ 明确合作期限

　　○ 明确经济责任

　　对于公寓的物业管理公司,应由所在小区管理办公室负责组织评标、开标流程,确定中标单位,办理《物业管理招投标备案表》,签订合同,该合同为前期物业服务合同,待业主代表大会成立后,由选举产生的业主委员会根据相关规定再行委托物业管理公司,签订物业管理合同。

6.4.2　物业公司的前期工作

　　物业管理应在项目建设阶段适时介入,对建筑设计及施工管理等工作提出合理建议,对配套设施提出使用要求并参与工程验收,把今后物业管理的需求结合到工程建设中,同时在建设过程中了解掌握设施功能,为物业管理做好准备。

　　物业公司在项目前期各阶段的主要工作包括:

　　1) 项目规划设计阶段

　　● 从物业管理角度对项目的整体布局提出建议,对物业管理用房的位置、临时停车场的设置等提出建议

　　● 参与项目的规划,对出入口设计、人车分流、地下车库预留各单元入口、小区景观区道路设置、残疾人通道等的建议

　　● 全程参与公共设施设备的配套设计、方案制定与设备选型工作,从管理需要、使用便利、维护经济性等方面对公共设施设备的配套提出建议,参与设备采购、安装及维保合同的洽谈工作。通过上述工作,管理公司与设备供应商建立了良好的沟通渠道,维保合同的签订使得管理公司、业主及开发商的利益均得到有效的保护

　　● 参与绿化与景观系统设计的论证,重点从后期维护的角度对绿化植物树种、景观的选择、喷灌系统的布局、保养期的维护保养标准等方面提出建议

　　● 参与物业管理用房的位置及功能划分布局讨论,依照相关法律法规对物业管理用房的面积提出要求

　　● 参与户型讨论会,对户型设计的意见、装修中的常见改动等情况反馈给开发商,以便开发商选择最优化的户型设计方案

　　● 参与建筑外立面的讨论,从管理维护和安全管理的角度提出有关建议

　　● 物业管理市场调查及目标客户群分析,物业管理作为房地产开发的后续服务,必须切实掌握目标客户群的需求,制定出有针对性的管理服务措施

　　2) 施工图设计阶段

　　在管理的角度主要关注以下内容,根据实际情况提出合理化建议。

　　● 土建

　　○ 对屋面、有防水要求的卫生间(厨房)等防水材料的选择

○ 门、窗的材质

○ 屋面及管道井检修口的位置及尺寸

○ 地区气候差异对房屋质量的特殊要求

○ 空调外挂机预留位的尺寸、冷凝水的统一收集

○ 烟道、排气道的位置

○ 广场、道路用饰面砖的互换性及清洁的便利性

● 配套

○ 室内管道、计量器具、智能化设施布置的合理性，及给业主造成的影响

○ 各种设备产生的噪音对业主的影响

○ 各种设备总控制开关是否设在公共区域内

○ 各种设备设施的能源消耗

○ 室外管线、管道井布局的合理性，及给业主造成的影响

○ 智能化设施的可靠性、适用性与经济性

3）施工阶段

主要关注以下内容，对影响后期管理的项目提出合理化建议

● 地产公司招标工作介入

○ 供方门、窗质量及售后服务评价

○ 公共设施设备质量标准及后期维修保养成本条款的制定

● 施工介入

○ 房屋质量控制

○ 隐蔽工程检查验收记录

○ 设计变更记录的收集

○ 设施、设备的安装调试及操作培训

○ 成品保护

○ 体育设施、儿童游乐设施质量

写字楼地产要对大楼的整体管理有周密的安排，尤其协调好施工与已入驻企业的关系。

商业地产要注重二次装修及经营的统一规划及集中管理体系，尤其做好小户、散户的租赁和管理。

公寓地产注重完善各项规定，按照法规和规定做事，给住户提供温馨的生活环境。

6.4.3　物业管理经营化

将单一的物业管理从传统的仅保证物业正常使用的运行管理服务向策略性的物业资产价值管理方向拓展。

要从一般的维护、运行阶段提升到对物业资产的营销和管理全过程的服务层面,以物业作为一种收益性资产,通过为客户策划并实施物业经营方案,实现物业资产的经营效益;同时将服务由物业管理委托期延伸到物业资产整个寿命期,更好地体现物业管理,促使物业保值、增值。

1)将经营行为引入物业管理

针对项目的物业性质,首先形成经营引导管理、管理促进经营的理念。其次要在物业管理收支的基础上,建立起相对独立的经营体系。

2)对经营进行策划并组织实施

● 分析物业项目的实际情况,所经营物业资源的优缺点、业主心理,以及未来市场的发展趋势和方向。

● 分析持有物业及共有物业的不同特点,对品牌化物业经营单位,要提前考虑预留其风格处理的条件。

● 制定租赁代理、物业交易、物业估价、交易咨询等可行性方案。

● 依据方案,开展对住户的代理业务及多种经营。

3)依据市场变化,动态调整经营内容

适时调整物业区划、优化功能设备、拓展服务领域,迎合市场、创新经营,争取经营收益最大化。

6.4.4 物业管理的主要内容

商业物业是指用于商业用途或者具备商业功能的物业,它包含了写字楼、酒店、商业街、公寓、购物中心等。商业地产项目的设备、设施比较先进、复杂,对专业服务的要求较高,要求管理者有系统的物业服务与经营理论、服务意识与操作技能,它最能反映现代物业服务的本质。

随着中国入世,经济全球化的到来,人们对5A级写字楼的需求逐年增加,因此,写字楼的管理和服务水平的提高就更显得现实与迫切。本章节以5A级写字楼为例,阐述物业管理的主要服务内容和工作重点。

1)5A级写字楼的特点

● 目标客户明确

客户群一般为各类跨国企业、外资企业、上市公司以及有实力的国内大中型企业,它们对办公的舒适性、便利性以及提升工作效率的要求都比较高。

● 提倡绿色环保

现在,健康环保的理念已经深入人心,人们对办公环境的要求也越来越高。因此,室内花园、屋顶绿化、空气净化系统、PM2.5监测系统、遮阳系统、降噪系统等的设计,已经逐渐成为高端写字楼的标准配置。

● 设备先进、系统复杂

写字楼内部一般都配有先进的设备设施,如机电系统、安防系统、会议系统、卫星系统等。因此,也给其维修、养护与管理带来了较大的难度。

● 使用时间集中

写字楼物业使用时间比较集中,多数在早 8 点后,下午 6 点前。上班时间,人来人往、川流不息,下班后,人去楼空、冷清异常。这一特点决定了写字楼物业服务必须有相应的特殊安排。

● 物业经营要求高

写字楼具有收益性物业的特性,高的出租(售)率是获得良好稳定收益的保障。物业服务与经营不当,就不能赢得客户,甚至会失去已有的客户,而当期空置即意味着当期损失,所以对物业服务与经营的要求比较高。

2) 物业服务的内容

写字楼物业的特性和使用要求,决定了写字楼日常管理的工作主要有以下几个方面。

● 商务中心

写字楼办公机构集中,商务繁忙,应设置提供商务服务的商务中心(与星级酒店类似)。

○ 设备配置:打印机、复印机、传真机、电脑、装订机、投影仪等

○ 服务要求:服务周到、快捷高效

● 前台服务

大型写字楼的前台服务项目较多,主要包括:

○ 问询服务、留言服务

○ 信件、报刊、快递的收发、分拣、递送服务

○ 个人行李搬运、寄存服务

○ 花卉代购、递送服务

○ 其他委托代办服务

● 设备设施管理

○ 保持设备良好、运行正常

○ 应急措施到位、及时消除故障及隐患

● 保洁管理

保洁是写字楼管理水平的重要标志,也是对建筑和设备维护保养的需要。环境清洁管理追求的是始终如一的清洁环境,管理的重点在于整洁环境的保持。

● 安全与消防管理

○ 安全管理

建立以智能监控为主导，通过中央控制、红外线监控，可视对讲、闭路电视、保安巡逻等共同组成一个严密的"内外结合，立体交叉、动静互补"的全方位防范体系。最佳的巡逻路线与智能化管理相配合，使小区的安全管理无盲点，无死点。

○ 消防管理

建立有效的消防安全管理体系，确保消防安全工作万无一失。辖区内防火工作落到实处，无事故发生，及时清除一切可能存在的隐患，广泛宣传消防意义，提高群策群防的消防意识，加强消防设施设备的管理。

● 档案资料管理

系统化、标准化、电脑化地建立物业档案与管理，是物业管理工作的重要组成部分，也是实施管理的有力依据。

● 应急管理

突发事件的应急处理，是衡量物业公司管理能力、管理经验、管理水平和人员素质的重要指标，也是在第一时间消除安全隐患，保障物业范围内公共安全和生命财产的重要举措。有针对性地制定各类应急预案，并定期演练是物业公司应对突发事件的有效手段。应急预案一般包括：

○《断水、断电、无煤气的应急措施》

○《排水设施堵塞的应急措施》

○《电梯故障，乘客被困的应急措施》

○《发生火警时的应急措施》

○《防汛应急预案》

○《接报刑事、治安事件处理程序》

○《燃气泄漏、触电事故处理程序》

○《遇爆炸物、可疑物品处理程序》

第7章　EPC 工程总承包

　　一个工程项目在前期策划和可行性研究阶段，即应研究采用何种策略最适合项目的目标，这取决于项目的性质和复杂程度、融资渠道、项目的生命周期费用、业主方的管理能力以及外界的政治和经济环境等。而确定项目策略的一个重要内容就是确定工程项目的管理模式。

　　工程项目的管理模式是指一个工程项目建设的基本组织模式以及在完成项目过程中各参与方所扮演的角色及其合同关系，在某些情况下，还要规定项目完成后的运行方式。确定了项目的管理模式才能决定项目的采购方式和招标方式。由于项目管理模式确定了工程项目管理的总体框架、项目参与各方的职责、义务和风险分担，因而在很大程度上决定了项目的合同管理方式以及建设速度、工程质量和造价，所以它对项目的成功非常重要。

　　随着社会的进步和技术水平的提高，国内外建设工程项目日益大型化、复杂化、集成化，对业主方的人员素质、技术能力、管理能力提出了更高的要求，越来越多的业主方倾向于由一家承包商承担规划设计、材料设备采购、项目施工、试运行等全部工作内容，即"EPC 工程总承包"模式。

　　根据资料统计，进入 2 000 年以后，欧、美、日等发达国家已有超过 50% 以上的工程项目采用 EPC 方式承包运作。截至目前，工程总承包已经成为国际上主流的建设工程项目组织与管理模式。

7.1　EPC 的定义

　　国家标准《建设项目工程总承包管理规范》中对工程总承包（Engineering Procurement Construction，EPC）的定义是：工程总承包企业受业主委托，按照合同约定对工程建设项目的设计、采购、施工、试运行等实行全过程或若干阶段的承包。

　　在 EPC 模式中，Engineering 不仅包括具体的设计工作，而且可能包括整个建设工程内容的总体策划以及整个建设工程实施组织管理的策划和具体工作；

Procurement 也不是一般意义上的建筑设备材料采购,而更多的是指专业设备、材料的采购;Construction 应译为"建设",其内容包括施工、安装、试测、技术培训等。

综上所述,工程总承包是一个内涵丰富、外延广泛的概念,它具有如下本质特征:

● 工程总承包(企业)范畴属相关业务多元化(企业),符合 WTO 的规定和国际惯例。

● 工程总承包合同一般是固定总价合同,其付款方式按"里程碑"总额进行。

● 工程总承包多适用于生产型的成套设备,大型复杂的工业基础设施项目和技术含量高的项目。

● 工程总承包需要承担的风险相对较大、不确定因素较多,评估此类风险数据多、时间长、难度大。

● 工程总承包要求企业在融资、技术、经济、管理和法规等诸方面的知识、经验和能力要高超。

● 工程总承包是一种快速跟进的建设工程模式,它将工程项目关注点由 C(成本)、P(质量、性能、功效)、T(时间)引变为 T、P、C 理念。

● 工程总承包在其全过程、全方位中必定包含施工若干阶段的承包,施工、材料设备采购、安全、试车、运行、竣工交验等。

● 符合工程总承包的法律根据和基础理论:FIDIC(国际工程师联合会)编制的《设计 采购 施工(EPC)/交钥匙工程合同条件》;建设部颁发的 GB/T 50358—2017《建设项目工程总承包管理规范》。

7.2 EPC 的特点及国内现状

从业主的角度出发,必须要熟悉了解各类项目管理模式以及它们的优缺点,这样,才能选定最适合项目本身的管理模式,确保项目的成功。

7.2.1 传统的项目管理模式

传统的项目管理模式也叫"设计—招标投标—建造"(Design—Bid—Build,DBB)模式或通用模式(图 7-1),这种项目管理模式在国际上最为通用,也是目前我国建设工程最常采用的模式。

● 传统模式的优点
○ 由于这种模式长期地、广泛地在世界各地采用,因而管理方法成熟,各方对有关程序都很熟悉。

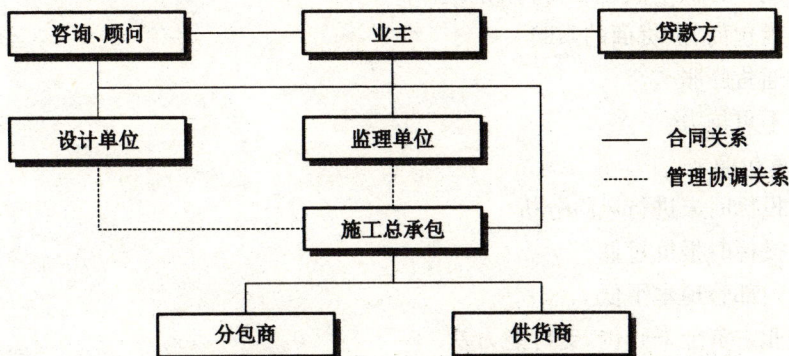

图 7-1　传统的项目管理模式

○ 业主可自由选择咨询设计人员，可控制设计要求，施工阶段也比较容易提出设计变更。

○ 可自由选择监理人员监理工程。

○ 可采用各方熟悉的标准合同文本，双方均明确自身应承担的风险有利于合同管理和风险管理。

● 传统模式的缺点

○ 项目设计—招标投标—建造的周期较长，以致推迟竣工时间，不利于业主资金周转。

○ 工程师对项目的施工工期不易控制。

○ 管理和协调工作比较复杂，业主管理费较高，前期投入较高。

○ 对工程总造价不易控制，特别在设计过程中对"可施工性"（Constructability）考虑不够时，容易产生变更，从而引起较多的索赔。

○ 出现质量事故时，设计和施工双方容易混淆推卸责任。

● 传统模式下项目实施阶段双方的风险

○ 业主

＞ 资金不到位

＞ 开工前的准备工作未做好

＞ 招标文件拟定得不好

＞ 业主方管理水平低

＞ 监理工程师不称职

＞ 由于前述原因造成的工期、投资和质量达不到要求

＞ 设计变更频繁

＞ 承包商水平低，不能保证工期和质量

> 业主方供应设备和材料的风险

> 承包商、供货商的索赔

> 通货膨胀

> 不可抗力

○ 承包商

> 投标时未进行风险分析

> 投标时报价过低

> 内部管理水平低

> 业主资金未到位,支付能力差

> 监理工程师的拖延和刁难

> 分包商的风险:如延期、质量不合格、索赔等

> 供货商的风险:设备材料供应不及时、不合格,缺配件等

> 通货膨胀

> 垫资风险

> 技术风险:技术规范、水文、气象、地质等

7.2.2　EPC 项目管理模式

EPC 交钥匙模式总承包商的工作范围大致包括:

● 设计(Engineer):除图纸和设计计算书外,还应包括"业主的要求"中列明的设计工作,如项目可行性研究、配套公用工程设计、辅助工程设施的设计以及建筑/结构设计等。

● 采购(Procure):可能包括获得项目或施工期的融资、购买土地,购买包括在工艺设计中的各类工艺、专利产品及设备和材料等。

● 施工(Construct):由总承包商负责全面的项目施工管理:如施工方法、安全管理、费用控制、进度管理、设备安装调试以及工作协调等。

这种模式与传统模式相比,承包商往往承担了更大的责任和风险,由业主代表对项目进行直接的较宏观的管理,不再设置各专业的工程师。EPC 主要应用于以大型装置或工艺过程为主要核心技术的工业建设领域,和技术复杂、技术标准高、管理环节多的民用建筑,这些项目的共同特点是设备材料的采购与安装和工艺的设计紧密相关,成为投资建设的最重要、最关键的过程,其管理模式如图 7-2。

EPC 是总价包干项目,一般不允许调价,风险主要由承包商承担。在 EPC 合同条件中规定,承包商不但对自己的设计负责,也要对"业主的要求"中的某些错误负责,同时还要承担发生最频繁的"外部自然力的作用"这一风险,因而一般工程的报价较高,但应允许投标人对资料和数据进行调研和核实。在招标投标过程中,投

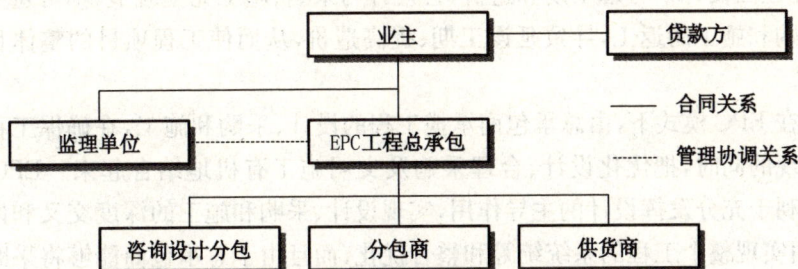

图 7-2　EPC 的项目管理模式

标人和业主就技术问题和商务条件进行讨论并将达成的协议写入备忘录或补充文件,这些文件成为合同的组成部分,其优先权高于合同条件、业主的要求和承包商的投标书。

1) EPC 模式的优点

● 业主管理相对简单

由单个承包商对项目的设计、采购、施工全面负责,项目责任单一,简化了合同组织关系,有利于业主管理,减少了不必要的扯皮和争端。

对业主来说,重点在竣工检验。因此,在整个工程实施过程中,一般由业主自己或委托业主代表进行有限的整体性、原则性、目标性的管理和控制,而不是干预,只要总承包商最终能够交付符合合同约定、满足使用功能、具备使用条件并经竣工验收合格的建设工程即可。

● 成本降低

目前现行的招标模式把工程切割成很多块,看似都是最低价中标,但实际上所有的项目都在超预算、超审计,给业主最终的资金把控带来巨大压力。EPC 项目属于总价包干(不可调价),因此业主的投资成本在早期即可得到保证。

● 缩短工期

在 EPC 模式下,设计、采购、施工各个阶段是相互搭接的,这样一来就减少了传统模式下三个阶段之间的时间空当,大大缩短了施工的工期。同时由于设计、采购、施工是由一家承包商独立完成,企业内部协调沟通效率较高,对于项目的工期可有更合理的安排。EPC 结构对工期的节省已经是整个行业及国际的共识。

● 确保设计效果

传统的承发包模式,缺乏对设计和施工内在联系和规律的认识,完全忽视设计与施工的有机联系并将其截然割裂开来,将设计、施工进行平行发包,客观上造成设计者站在单纯设计的角度上考虑问题,而不是站在整个项目的立场上全面考虑问题,往往因设计不考虑工期和造价,且设计与采购、施工完全脱节,不可避免地会导致采购和施工的返工,导致延误工期、提高造价,从而使工程项目的整体目标无法实现。

而在 EPC 模式下,由总承包商承揽工程的设计、采购和施工,在确保工程整体目标实现的同时,把优化设计、合理采购及文明施工有机地结合起来。EPC 模式不仅有利于充分发挥设计的主导作用,实现设计、采购和施工的深度交叉和内部协调,从而实现整个工程的系统统筹和整合优化,而且由于总承包商能够将采购纳入设计程序,并从设计、采购和施工的全过程及整体上考虑和处理问题,设计能更充分地考虑设备、材料采购及现场施工安装的要求,更能主动地进行设计方案的优化,从而保证工程的质量,实现工程项目的整体目标。

● 业主方承担的风险较小

在 EPC 模式下,业主的风险包括经济风险、外界风险和不能按期完成项目建设的风险都转嫁给了总承包商,尤其在签订 EPC 总承包合同时,往往都是在初步设计不完善的条件下签订总价包死的总承包合同,这无疑对总承包商的抗风险能力和风险管理水平提出了更严峻的考验。

2) EPC 模式的缺点

● 能够承担 EPC 大型项目的承包商数量较少。

● 承包商承担的风险较大,因此工程项目的效益、质量完全取决于 EPC 项目承包商的经验及水平。

● 工程的造价可能较高。

7.2.3 同国外对比的主要差距

就工程总承包而言,我国与国外的差距还是非常明显的,主要表现为:

1) 相关的政策法规不完善

推行工程总承包是大势所趋,是市场的需要。但我们在理论研究、运行模式、法律法规及操作细节等诸多方面还有所欠缺。

2) 具备实力的单位太少

所谓实力,是指工程总承包单位的竞争能力,包括:组织体系、服务功能、人才结构、技术能力、资金实力等,在这些方面都不完备、不健全,市场竞争能力比较弱。

3) 技术研发能力差

目前,国内许多 EPC 工程总承包公司,还普遍缺乏国际先进水平的工艺和工程技术;没有本企业的专利和专有技术;尚未建立完整的、系统的、标准化的项目管理工作手册、项目管理方法、工作程序和工程项目计算机管理系统;与国际通行的模式差距明显。

4）风险管理差距显著

国际跨国公司总承包的工程风险融资及其建立的体系完整、健全、运用成熟。如美国的工程保险是迄今应用广泛、效果极佳的应对工程风险的管理手段之一。美国工程保险涉及十余种之多，而我们的风险管理具有理念陈旧、手段单一、成熟度差，服务体系和保障机制不到位等特点。

5）健康、安全和环境（HSE）管理未全面落实

国际总承包企业总是把 HSE 指标体系放在首位。美国某些国际承包商在全球范围内的工程项目安全事故始终保持零的纪录，所有工程项目均制订有现场环境、安全和健康管理规划及具体操作、检查、监管手册。相较国内企业，则缺乏一套检查、监督的有效机制。

7.3　EPC 模式的工作要点

采用 EPC 模式虽然能有效减轻业主方的管理投入，并在成本、工期、质量上得到保障，但如果业主方没有相应的管理机制、组织架构的对应，以及合同、采购、技术的考量与准备，那么，采用 EPC 模式可能会带来更大的不可控风险。

7.3.1　适用范围

对于工程总承包项目，业主一般要求：合同价格和工期具有"高度的确定性"，因为固定不变的价格和工期对业主来说至关重要；承包商始终需要全面负责工程的设计和实施，从项目开始到结束，业主很少参与项目的具体执行。所以，EPC 模式适合那些要求承包商承担大多数风险的项目，具体适用条件包括：

● 在投标阶段，业主应充分给予投标人资料和时间，使投标人能够详细地审核"业主的要求"，以深入了解该招标文件规定的工程目的、范围、设计标准和其他技术要求，并进行前期的规划设计、风险评估、工程估价等。

● 工程所包含的地下隐蔽工程不能太多，承包商在投标前无法进行勘察的工作区域不能太大。这两类情况都使得承包商无法判定具体的工作量，无法给出比较准确的工程项目报价单。

● 虽然业主有权监督，但不能过分地干预承包商的工作，或者要审批大多数的施工图纸。合同规定由承包商负责全部设计，并负担全部责任，只要其设计和完成的工程符合"合同中的工程完成标准"，就认为承包商履行了合同中的义务。

● 合同中的进度款支付按照约定（里程碑进度）支付，而不再由业主的工程师审查工程量，再签发支付证书。

● 项目的实施往往涉及某些专业的专利或技术秘密。承包商在完成工程项目的同时,还须将其专业技术的或知识产权传授给业主方的运行管理人员。

● 技术培训是 EPC 合同内容的重要组成部分。承包商要承担业主人员的技术培训和操作指导,直至业主的运行人员能够独立进行生产设备的运行管理。

● EPC 合同条件往往涉及承包商的投资问题。这就要求承包商有一定的融资能力或资金实力。

● EPC 合同条件以交钥匙的形式向业主提供了一个完整的、设备精良的工程项目,业主乐享其成,而承包商在实施合同中却承担了相当大的众多的各类风险。这是其他承包模式所没有的。

7.3.2　合同条件

合同是项目管理的法律依据,是项目能否成功实现的根本保证。因此,有必要对 EPC 项目的合同文件及其条款进行深入的分析,以确保业主方的利益。

当前可供参照的合同文本有两个,一个是 FIDIC 的《设计采购施工(EPC)交钥匙工程合同条件》(银皮书),这是目前在 EPC 项目中应用最广泛的一个合同范本,某种程度上说,"EPC"这个词就是源于 FIDIC 的银皮书;再有一个就是住建部会同国家工商总局制定的 GF—2017—0201《建设项目工程总承包合同(示范文本)》,这个文本的发布,对 EPC 工程总承包项目的规范化、程序化、市场化,起到了巨大的推动作用。

由于国情的不同、项目的要求不同、项目的特征不同,拟定一份有针对性的合同条件是大多数业主的做法。通过对上述两个文本的对比分析,找出它们之间的差异和不同,可以借鉴到合同条款中。

● 项目经理
○ 国内:具有项目经理是国内工程总承包合同的明确要求
○ FIDIC:要求不明确
● 设计
○ 国内:设计单位和施工单位是分离的,承包商如有设计要求,一般需要联合设计单位
○ FIDIC:承包商聘请设计单位进行设计满足雇主的功能要求,在拿到所谓的施工图纸后,承包商的现场代表需要进行施工详图设计及深化并提交雇主代表/监理进行批准等
● 员工
○ 国内:按劳动法执行,但并不严格
○ FIDIC:劳工休假制度必须严格遵守和执行项目所在国的劳动法及相关

法律

- 生产设备、材料和工艺
- ○ 国内:更强调施工方法和施工方案的编制和实施
- ○ FIDIC:主要强调设计工作和理念,而施工方案只是一部分;对生产设备、材料和工艺的样品检验试验很重视
- 缺陷责任
- ○ 国内:主要强调质量保修责任书的签订和保修金的约定
- ○ FIDIC:主要强调缺陷的修补、费用、缺陷修补的程序、现场清理和履约证书等
- 变更和调整
- ○ 国内:项目的变更范围,包括设计、采购、施工等,以及发包人的赶工指令和调减部分工程等,比较具体
- ○ FIDIC:要求有价值工程,此类建议书由承包商自费编制,并按照变更程序向雇主提交书面建议
- 合同价格和付款
- ○ 国内:一般按月、季支付,规定详细,便于操作;投标报价有参照的定额和取费依据,各承包商的报价差别不会太大
- ○ FIDIC:一般按里程支付;国际上报价基本是单价测算或按照企业定额,各承包商的报价会相差很大
- 风险与职责
- ○ 国内:相对而言,国内工程总承包比国际 EPC 风险似好处理
- ○ FIDIC:合同是通过激烈市场竞争的结果,风险较大,合同比关系重要
- 索赔、争端和仲裁
- ○ 国内:主要强调设计变更和现场签证的管理;事件索赔时效是 30 天
- ○ FIDIC:更强调索赔的时效性,错过索赔的有效期,则会丧失索赔的机会;事件索赔时效是 28 天

7.3.3　工作分工

相较于传统模式,EPC 项目实施过程中业主方的管理工作相对减轻,业主与承包商在项目各阶段的工作分工如下:

- 可行性研究
- ○ 业主:通过技术、经济分析,判断投资建设的可行性
- 立项
- ○ 业主:确定立项及项目管理发包模式

● 项目实施准备

○ 业主:组建项目机构,筹集资金,确定工程发包模式,提出功能性要求,进行概念性方案设计,编制招标文件

● 设计

○ 业主:对承包商提交的投标文件进行技术和财务评估,与承包商谈判并签订合同

○ 承包商:提出初步的设计方案,递交投标文件,通过谈判与业主签订合同

● 项目实施

○ 业主:检查进度和质量,审核并发出变更指令,评估工期、成本,支付进度款

○ 承包商:进行施工图和详图设计,设备材料采购,选定施工队伍,进行安全、质量、进度管理

● 移交和试运行

○ 业主:竣工后检验,接收工程,联合承包商进行试运行

○ 承包商:进行单体和整体工程的竣工检验,培训业主运营管理人员,联合业主进行试运行,移交工程,修补工程缺陷

7.3.4 招标时点

EPC项目何时开始招标,是业主方在决策阶段必须考虑的一个问题。一种类型是在可行性研究完成后发包,在此阶段招标有利于充分发挥总承包商设计、采购、施工一体化管理的优势,从而可以加快工程实施进度。但此阶段招标对项目业主又存在风险,担心总承包商为了降低成本降低设计标准。一类是在初步设计完成后再进行 EPC 总承包招标,在此阶段招标业主当然对项目实施工程设计质量方面心里有底,但在项目实施进度方面必然会受到影响。

考虑到发挥 EPC 建设模式的优势,建议业主单位在可行性研究的基础上完成基础设计(初步设计)后进行 EPC 总承包招标。这样可以将总平面布置方案、机电系统设计及主要设备选型等设计方面的主要原则相对固化下来,有利于业主对项目质量的整体把控以及总成本指标的控制。

7.3.5 设计管控要点

EPC项目的成功与否,承包商的设计水平和设计能力起着决定性的作用,因此,业主方在项目实施过程中必须加强对设计工作的管理和控制。

1) 设计单位的选择

总承包商有可能是设计单位,也可能是施工企业、设备供货商或相互之间组成的联合体。但无论总承包商如何组成,项目业主都必须关注设计单位的选择和设

计团队的组成。

对于以设计为主体的总承包商,单位设计的实力已在招标时体现,业主重点是控制设计核心团队组成,宜要求投标人在投标文件中列出设计总工程师和主要专业主设人的姓名、履历和目前承担的项目清单,要求总包人项目设计人员必须得到业主批准方可更换。对于有一方是设计单位的联合体,总承包商也应提出同样的要求。

对于以施工为主体或以设备供货为主体的 EPC 总承包商,通常在投标阶段已基本确定了主体设计分包商(配合投标),但项目业主仍然应要求投标人在投标文件中列出潜在合格设计分包商名单并提供相关资质证明和业绩资料。

项目业主有权参与设计分包除商务报价之外的招标活动,包括评标、合同谈判和合同文本准备,项目业主对设计分包有合理否决权。对于某些强调同类项目设计经验的总包项目,业主可在招标文件中明确可接受的潜在设计分包商名单,但业主事先必须充分调研。

2) 提供资料的准确性

有些国内业主不重视履行自己提供项目前期资料方面的义务,片面认为在 EPC 总承包建设模式下,业主对所提供的项目前期资料的准确性、充分性和完整性不承担责任。

实际上在 FIDIC 银皮书 5.1"设计义务一般要求"中明确规定:

雇主应对雇主要求中的下列部分,以及由(或代表)雇主提供的下列数据和资料的正确性负责:

(a) 在合同中规定的由雇主负责的或不可变的部分、数据和资料;

(b) 对工程或其任何部分的预期目的的说明;

(c) 竣工工程的试验和性能的标准;

(d) 除合同另有说明外,承包商不能核实的部分、数据和资料。

实际上简单想一想就可以明白,有些用作设计输入的数据资料总包方可以核实但有些数据资料总包方难以核实或核实需要较长的时间,你让承包商承担其所不能控制的风险,那承包商必然将这些风险反映到合同报价中,从而要么提高了合同价格,要么增加了科学选择总承包商的难度。

因此,作为项目业主应充分重视由业主负责提供的项目前期资料的质量,保证相关技术数据的完整性、正确性。

3) 设计的优化

一方面要防止总承包商"过度优化",避免以牺牲性能、工程质量和运行维护的安全性和便利性来降低成本;另一方面支持总承包商根据有益于工程全寿命周期、共赢的原则提出科学合理的设计优化,以保证项目的使用功能、提高工程质量、降低运行维护成本。

4)"设计变更"和"变更设计"

在EPC总承包建设模式下,"设计变更"是指总承包商在不影响合同规定的标准、性能和主要设计原则前提下,为了更好地履约或合理降低成本在设计方面进行的变更,业主方宜放宽对这类变更的审批;而"变更设计"是对合同规定的设计原则、适用标准或性能方面的变更,无论变更设计由谁提出,总承包商都必须提出《变更设计建议书》对变更设计进行全方位的分析和研究,《变更设计建议书》一旦为业主所接受,业主方应依据总承包合同或增补费用(注:有些有利于性能或运维的变更设计需要增加成本)或与总承包商分享变更设计后降低成本的收益。

5)设计监管模式

业主对总承包商设计工作管控的模式通常有两种,一种是自主管控模式,还有一种是设计监理管控模式。

自主管控模式要求业主单位具有相应的熟悉工程设计的技术人员,对于某些非主业投资商而言在人力资源获取方面存在难度和管理风险。

设计监理实质上就是国际通行的"业主工程师"在国内建设项目对总承包商设计管控的体现,对于国内大型、复杂EPC总承包工程,建议业主单位聘请设计监理对总承包商设计进行外部监管。设计监理单位的资质水平和工程业绩应不低于总承包商设计单位,并应保证设计监理核心团队的素质和时间投入。

无论是否采用EPC总承包模式,业主都可以聘请设计监理/业主工程师,但对项目业主而言,EPC总承包模式下更加重要的是强化EPC总承包商的自主管理意识和自主管理能力。在国际工程中,运用FIDIC合同条件以总价为特点的EPC总承包商大多自主管理意识比较强,他们知道作为总承包商承担的是完全责任,如果设计有问题很难通过业主工程师对设计文件的审查;而国内许多总承包项目严格来说不是完整的EPC工程总承包,总承包方承担的是部分责任,设计输入和设计进度受制于外界因素较多,总包方的自主管理的主动性不可避免受到削弱。

在EPC总承包建设模式下,国内总承包商对于设计的自主管理能力参差不齐。以施工为主体的总承包商往往受到人力资源获取条件的限制难以提高自主管理能力,即使是以设计为主体的总承包商,许多设计单位也未能建立适应EPC总承包建设模式所需的企业组织结构、管控模式和项目管理体系,从而限制了总承包商对EPC项目工程设计的自主管理能力。

因此,在国内成熟EPC总承包商为数不多的情况下,项目业主应重视运用合同管理等手段提高总承包商自主管理意识和自主管理能力。

7.4　EPC 模式的发展前景

　　EPC 承包模式是今后建筑工程发展的一个总体趋势,是因为其具有其他模式不具备的优势,从国内工程承包单位实际运行看,尽管 EPC 管理中存在一些尚待解决的突出问题,逐渐推广 EPC 模式仍是未来的必由之路。

　　EPC 模式的发展和推广,需要政府、社会和企业各个层面的共同努力,从法律法规、机构建设、人才培育等几个方面入手,为 EPC 创造一个良好的市场环境。

　　1) 改善国内政策环境

　　建立健全和完善配套相关法律、法规和主管部门的规章条例,做到门类齐全、互相配套,避免交叉重叠、遗漏空缺和互相抵触。《建筑法》中应明确工程总承包的法律地位,抓紧出台《工程总承包管理办法》及实施细则,制定有关工程总承包招标投标的管理办法,积极培育工程总承包招投标市场;参照 FIDIC 条件,制定适合我国市场经济要求的总承包合同范本。

　　2) 培育规范的工程总承包市场

　　政府要加大对推行工程总承包的宣传力度,一是向社会宣传报道工程总承包的特点、优势和成功案例,使工程总承包逐渐得到社会认可;二是与有关部门以及企业管理协会等单位,开展不同层次的 EPC 总承包研讨会、研讨班,对业主进行培训,促进市场对工程总承包的认同,支持工程总承包企业的发展,推动相关法律法规的健全。

　　3) 建立管控体系,提高管理水平

　　EPC 模式的工程总承包和项目管理,是一个完整的、复杂的、系统化的运作过程。难度大、工作量多、协调性强、动态管理等非同一般,全面实施这样庞杂的工程总承包,没有一套规范化、系统化的管控体系是很难做到的。工程总承包企业应建立完善设计、进度、质量、采购、造价、安全、合同、信息等管控体系,形成标准化管理以适应市场的要求。

　　4) 重视人才培育

　　管理人才的培养是工程总承包根本性、基础性、关键性工作。要培养造就一批具有工程实践经验的项目经理、设计经理、采购经理、施工经理、财务经理,以及投资控制、计划管理、合同管理等方面的人才,以推动 EPC 的发展和企业竞争力的提升。

7.5 EPC 的成功案例

我国国内从 20 世纪 80 年代中期开始,在政府部门的干预下,EPC 模式开始起步。截至目前,不乏一些成功的企业和成功案例,这其中的企业主要分为两类,一类是从事施工总承包的单位,一类是从事建筑设计的单位,他们在承担 EPC 工程中有着各自的优势和特点,在管理模式上也不尽相同,因此,对其各自成功案例的分析和借鉴,有助于提高我国的 EPC 管理水平。

7.5.1 中建二局

中建二局第三建筑工程有限公司(原中国建筑二局第三建筑公司)是世界 500 强企业"中国建筑"旗下具有房屋建筑特级资质的企业,始建于 1952 年,60 多年来,公司秉承"筑诚筑信,人企相依"的文化品格,形成了以"京、津、冀、粤、鄂、陕、川、赣"等地为主,施工力量辐射全国 21 个省 3 个直辖市的经营格局。

公司先后承建了长春第一汽车制造厂、唐山机车车辆厂、冀东水泥厂、北京城乡贸易中心、上海森茂国际大厦、厦门高崎国际机场、清华大学体育馆、北京万柳光大花园、北京八中教学楼、北京富凯大厦、北京华贸中心、北京移动通信综合楼、北京鑫茂大厦、北京金融街·丽思卡尔顿酒店、北京金融街购物中心、天津津门、金融街天津世纪中心、天津水岸银座、北京奥运射击馆、青岛万达、济南万达、唐山万达、廊坊万达、光大银行、国家开发银行总部办公楼、通州阳光保险后援中心工程、深圳生命保险大厦、首都图书馆大厦、北京天桥演艺区南区等各类大中型工业与民用建筑。

截至目前,共完成各类大中型工业与民用建筑工程 1 600 余项,其中国家和地方重点工程 300 余项,公司先后获得"鲁班奖"12 项、"詹天佑奖"3 项、"国家优质工程"7 项、"国家级工法"6 项、"全国金牌科技示范工程"1 项、"国家级科技进步奖"1 项、"国家发明专利"25 项、"省部级优质工程"300 余项。

改革开放以来,公司发挥企业优势、顺应市场需求,先后承接了多个 EPC 工程总承包项目,并取得了预期的效果,得到政府部门、业主单位的一致好评。

1) EPC 项目的管控特点

● 组织架构

中建二局三公司是施工总承包企业,其 EPC 项目的管理特点是突出施工工艺、施工技术和过程管控,以施工组织见长,设计单位一般作为投标联合体的角色出现,其组织架构如图 7-3。

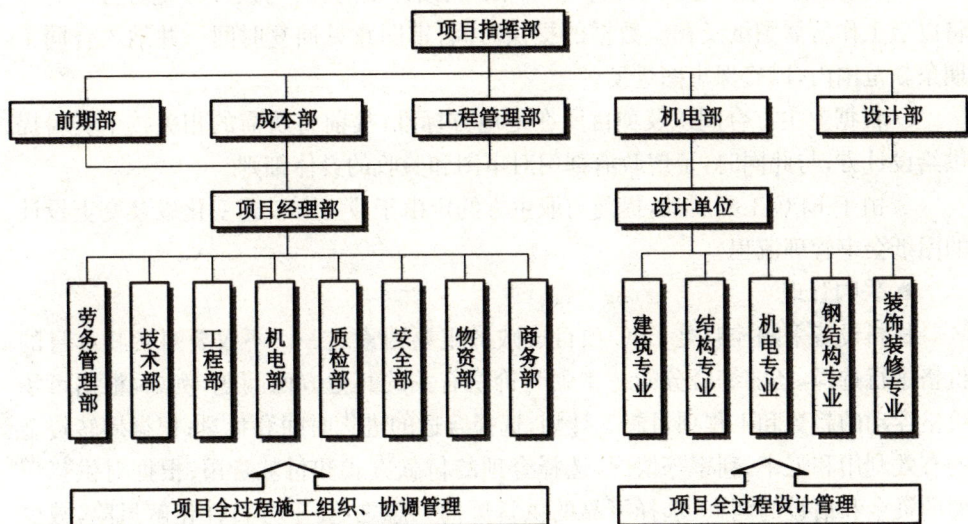

图 7-3　以施工组织为主导的 EPC 管理架构

● 前期部

成立"前期管理部",自投标开始即对接所属区域的相关政府职能部门,在开拓外部关系资源的同时,充分了解所有的报建流程及过程资料准备。同时,按照了解的各项工作排定主线流程、各流程工作持续时间、相关单位的对接方式及详细的资料准备计划,为后期规划许可证、合同备案(质监备案、安监备案)、施工许可证、消防设计备案的取得提供可靠支撑。

● 设计部

成立"设计管理部",确保出图质量和出图速度,梳理出图与报建的因果关系,并指导现场施工,设计管理部的主要工作包括:

○ 配合前期报建,将建筑总平面图及各单体建筑图提前介入设计,以方便报建过程中能评、环评以及预测绘工作的开展,并提供数据支撑。

○ 根据现场施工需要,将基础施工阶段的桩基图纸提前介入设计,以满足现场施工需要。

○ 为保证报建及施工需要,提高图纸内、外审速度,在项目进场时,首先确定审图单位,并提前与审图公司及甲方设计部沟通,按照设计院出图节点分块同步进行图纸内外审。内外审核完毕后及时将审图意见提交设计院,以便设计按意见及时修改图纸,提高出图质量和出图速度;在此过程中设计管理部门及商务部对制约设计出图的电梯厂家以及市政雨污水接驳点位置和标高提前介入招标和对外协调,方便指导设计工作。

○ 为保证预测绘、能评、环评等时间节点按计划进行，与设计方签订合同时应将以上工作所需图纸及相应数据的提供时间，审图意见回复时间一并纳入合同工期条款范围内，以确保出图进度。

○ 根据业主方合同以及项目所在地地方标准，提前将所需的相关技术资料提供给设计方，与此同时，了解政府部门对审图和验收的具体细则。

○ 由于 EPC 工程属性，提前与业主方约定由于业主方工艺变化以及变更设计的图纸会审管理流程。

● 采购管理

材料设备采购控制是 EPC 项目成败的重要因素之一。不仅要对货物本身的价格进行选择，还要综合分析一系列与价格有关的其他方面问题，例如，根据市场价格浮动的趋势和工程项目施工计划，选择合适的进货时间和批量；根据周转资金的有效利用和汇率、利率等情况，选择合理的付款方式和付款货币；根据对供货厂商的资金和信誉的调查，选择可靠的供货厂商。总之，要千方百计化解风险，减少损失，增加效益，以降低整个工程项目的造价。

● 进度管理

依据与业主签订的合同总工期，分别编制总控计划、月计划以及周计划。再依据上述阶梯计划编制各项资源需求计划，如劳动力需求计划、招采计划等。通过以计划编制为核心，过程纠偏管控为主导，促使项目整体工期履约进行。

● 质量管理

结合工程实际特点、施工难易程度以及关节部位的节点做法和质量标准要求，编制工程质量实施计划书。实施计划书的编制以合同约定的相关标准为依据，履行中建二局企业各项质量管理规定动作为依托，通过样板引路、工序及停止点报验等一系列施工过程质量控制，达到工序一次交验合格率在 95％以上，避免由于质量控制缺失导致的返工、误工现象。同时，结合"属地化"管理的方式促使项目整体的质量按合同履约。

2）成功案例

近几年，中建二局三公司发挥其全过程项目管理优势，适应环境的需求，从组织架构调整、自身人才培育、合格供应商的完善等诸多方面，为 EPC 项目的承接做了大量工作，也得到了市场和业主方的认可，其主要工程案例包括：

● 中国智能骨干网浙江嘉兴三期（西区）项目

○ 总建设面积：12.3 万 m^2

○ 建筑物属性：物流厂房、宿舍、动力中心、附属用房等

○ 合同总金额：2.56 亿元（总价包干）

○ 建设总工期：486 日历天（2017.3.1—2018.6.30）

- 东北亚(长春)国际机械城会展中心
  - 总建设面积:23.6 万 m²
  - 建筑物属性:会展中心、会议厅、新闻发布厅、附属用房等
  - 合同模式:在可行性研究完成后发包,属于清单控制价模式,也就是所谓的单价合同
  - 建设总工期:1 077 日历天(2016.10.19—2019.9.30)
- 呼和浩特回民区万达广场工程
  - 总建设面积:56.5 万 m²
  - 建筑物属性:商业、住宅、沿街底商、车库、物业用房等
  - 合同总金额:11.17 亿元(总价包干)
  - 建设总工期:1 438 日历天(2014.7.12—2018.6.20)
- 北京丰科万达项目
  - 总建设面积:24.5 万 m²
  - 建筑物属性:商业、住宅、沿街底商、车库、物业用房等
  - 合同总金额:7.35 亿元(总价包干)
  - 建设总工期:732 日历天(2015.4.30—2017.4.30)

7.5.2　CCD

香港郑中设计事务所(Cheng Chung Design,以下简称 CCD)由香港著名设计师 JOECHENG(郑忠)先生创立,专注于为国际高端酒店品牌提供专业的室内设计及顾问服务,是国际顶级品牌酒店室内设计机构之一。CCD 的精英团队以其卓越的专业知识、丰富的国际化经验以及卓越的管理技术,为客户提供优质服务和产品。CCD 在美国《室内设计》杂志 2013 年 10 月的全球酒店室内设计百大排名中名列第 3,是唯一进入该排名前 75 名的亚洲设计公司。CCD 汇聚了一大批华人精英,他们来自纽约、洛杉矶、加拿大、东南亚等地,他们与生俱来的东方文化背景、广博的国际化教育与出色的工作经历,为 CCD 每一个设计作品注入了力臻完美的独特价值。郑中先生所带领的 CCD 设计团队遍布香港、深圳、北京、洛杉矶、上海、曼谷等地,是全球华人创意领域最具活力及远见的团队之一。

CCD 始终引领酒店设计,同时也不断拓宽自身的设计业态,积极创新商业设计与豪宅设计,并创立智能家居设计实验室以融合全球最新科技研发成果,共同应用于 CCD 室内设计全业态的纵深发展。CCD 自创立至今,先后为 10 多个国际酒店管理集团如 Hilton(希尔顿),Marriott(万豪),Accor(雅高),Wyndham(温德姆),InterContinental Hotels Group(洲际),Starwood(喜达屋),Raffles(莱佛士),朗豪酒店(Langham)等旗下 20 多个国际品牌、100 多家豪华酒店成功提供了室内

设计及顾问服务工作。最新酒店项目如台湾远雄巨蛋悦来酒店、台湾礁溪度假酒店、泰国曼谷康莱德酒店、缅甸仰光泛太平洋酒店、阿联酋利雅德酒店、美国洛杉矶环球影城喜来登酒店、美国洛杉矶圣盖博喜来登酒店、美国塞班岛度假村、德国法兰克福钓鱼台酒店等,已覆盖中国港澳台、东南亚及欧美地区;也先后为深圳湾一号、北京三里屯通盈中心豪华公寓、上海中洲君廷公寓、上海美高梅豪华公寓、成都门里阿玛尼公寓及会所、上海檀宫、重庆万豪公寓、广州华润天合等高端豪宅和酒店式服务公寓提供室内设计与顾问服务;致力于全球化商业设计的 CCD,已成功打造了如深圳平安金融中心、深圳中洲控股中心、北京银行深圳总部、深圳华润前海中心、深圳招商局前海大厦、深圳华润置地大厦、VIVO 重庆总部、VIVO 东莞总部、VIVO 南京总部、上海中信泰富总部大厦等一大批中国当下及未来经济版图上最夺目的商业项目坐标。

CCD 为全球客户提供综合的一体化设计施工服务和方案,以前沿的设计理念、最新的技术工艺及独一无二的产品形象等,提升服务项目的产业价值。

1）EPC 项目的管控特点

● 组织架构

CCD 是国际知名的酒店设计公司,其 EPC 项目的管理特点是突出设计在全过程管控中的主导作用,其组织架构分为两个部分,设计管理架构,如图 7-4,和施工管理架构,如图 7-5。

● 设计管理

本着设计创造价值的理念,CCD 在 EPC 项目中投入相当的人力和时间,协同自身的施工团队 ATG(亚泰国际),共同打造设计精品。经过多年的摸索和实践,形成了自己独特而有效的设计管理模式,主要做法包括:

○ 建立统一沟通窗口。CCD 和深化设计部在同一个项目各落实一个唯一的对接人;CCD 和深化设计部对业主由深化部指定唯一对接人。

○ 建立统一的节点图库。CCD 设计图库和深化设计部图库统一,缩短设计出图时间。

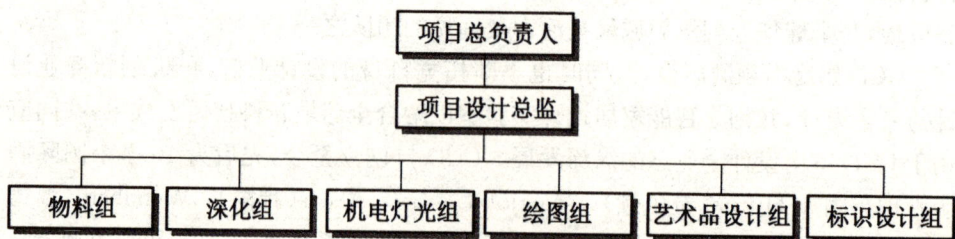

图 7-4　EPC 项目设计团队

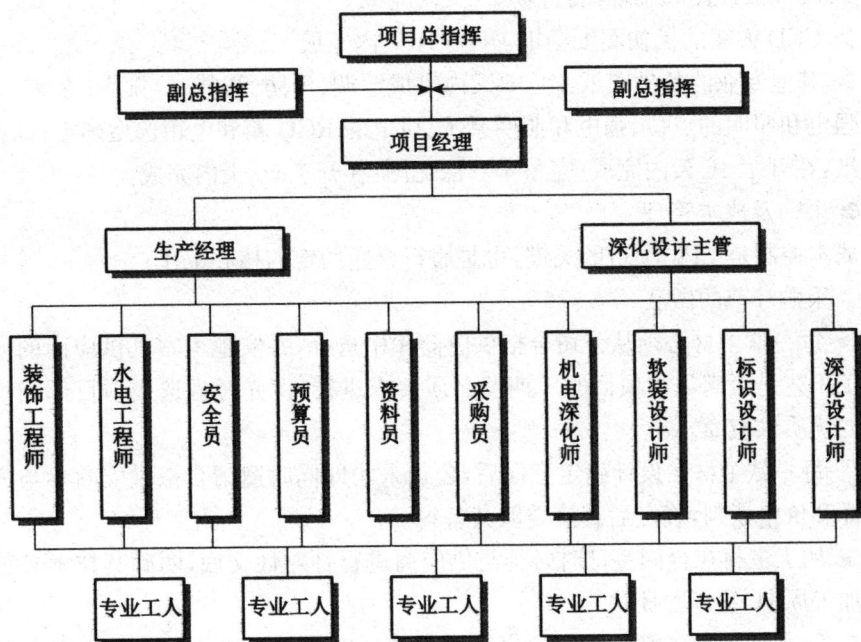

图 7-5 EPC 项目施工团队

○ 建立统一的材料信息库。CCD 材料库和 ATG 材料信息库统一,在满足设计效果的同时尽量减少工程造价。

与此同时,设计与深化工作采取出图时间定额化的模式,确保整体项目的进度把控,具体做法包括:

○ CCD 设计步骤规划

> 概念册、平面图、效果图及材料样板确认:开工 7 日内完成。

> 天花/扩初设计/材料选型:进场 15 天内完成。

> 节点大样/方案的局部优化:开工 30 日内提供大样图。

> 施工过程的方案调整(CCD/深化部/项目部):开工 30～60 天,方案设计师到现场对空间方案调整,7 天内补齐方案图;开工 90～120 天,方案设计师到现场对面材优化调整,7 天内提供变更后材料及优化后方案图纸;开工 180～210 天,方案设计师到现场,对软装类及颜色效果方面细微调整,7 天内提供调整后软装清单及物料书;CCD 设计总监或郑董事长在开工 210 天内,给一次限额的优化调整,7 天内提供调整方案图纸资料及软装清单。

> 所有设计调整 CCD 都要出一个设计变更单。

○ ATG 深化步骤规划(深化部/项目部)

﹥尺寸放线图和砌墙图:进场 15 天内完成

﹥CCD 方案的扩初图纸会审:开工 21 天内完成

﹥其他专业的条件图纸:在 35 天内完成空调、消防、智能、给排水;在 45 天内完成强电和照明的点位、强电和照明系统、机电的 RCU 箱和电箱选型确定;综合天花图纸:在开工 40 天内完成;完整全套深化图:在开工 60 天内完成。

● 采购及成本管理

成本控制是 EPC 项目的关键,也是履行合同约定的核心工作。

○ 采购环节的做法

﹥每一款主材必须从公司合格供应商库中选择,并实地考察其供应商的产能和加工工艺是否满足本项目的工期及品质要求进行,优先考虑选用项目部当地或周边的优质供应商。

﹥每一款主材在设计确定意向后,公司采购即同时邀请合格供应商参与样板的送样和价格谈判,确定后直接委派其备料。

﹥加工主材在合同签订时必须与供应商进行针对性交底,明确其技术参数指标和加工周期,签订责任状。

﹥厂家派专人驻现场负责深化和跟进现场安装协调工作。我司派专人驻加工厂跟踪其加工质量和进度。

﹥加工阶段,建立专门材料微信群,群成员除我司管理、采购人员外,还邀请业主专人进群,驻厂员每天汇报材料加工质量和进展情况,做到材料的全过程跟踪。

﹥主要材料按照工厂化加工,现场组装的方式进行生产,减少项目工地现场的加工制作。

﹥模块化构件采取在工地现场加工区加工措施,比如批量龙骨造型、花洒暗盒、硬包板等构件。

﹥对于订货周期较长的材料如洁具、窗帘、地毯、高端定制品等提前与设计沟通协商,在控制成本的前提下,提供款式给设计选取,合理安排下单采购,并提前做好预埋配件的到货安装。

○ 前期阶段成本控制

﹥了解客户预算,量身定制

﹥优化设计,降低项目成本

﹥材料招标,损耗约定

﹥施工流水策划,避免窝工

○ 施工阶段成本控制

﹥深化设计阶段优化工艺,降低损耗

> 施工阶段按控制目标发放材料,建立预警机制

> 主材成本动态调整

> 财务定期核算,动态预估项目总成本

> 严格按照各方确认的图纸施工,确保一步到位,避免返工维修

> 剩余材料退货,废料循环利用

○ 完工阶段成本控制

> 现场测量,据实结算

> 财务成本确认分析

> 决算内部审核机制

> 项目成本控制总结/项目经理总结

● 进度管理

从股权结构上来说,CCD(设计)和 ATG(施工)是一体的,因此,不需要相互之间的磨合,可以实现设计与施工的无缝对接,最大程度上缩短工期。具体做法包括:

○ 制订施工总控计划

中标后,项目部进场 30 天内按业主工期要求,结合现场实际情况,按 ATG 统一模板编制初步的施工总控计划,计划应包括设计图纸、材料选型、班组厂家确定及施工进度;报公司工程中心项目督导,由工程中心组织总师室、成本中心、采购中心进行公司管理层评审;审核合格后,由相关责任部门签字确认。

○ 制订材料总控计划

施工总控计划确认后,深化部依据确认的总控计划节点编制详细的图纸计划;并每周设立专人跟踪。

○ 制订图纸管控计划

施工总控计划确认后,项目部根据确认的总控计划节点编制项目材料总控计划及详细的材料管理计划;由采购中心审核通过后,签字确认。

○ 过程总部关键节点监控

施工总控计划确认后,由总师室设立关键节点管控小组;将关键节点提炼,对关键节点进行提醒、预警;每周五将下周需开始的关键节点、需完成的关键节点以短信形式发送给公司工程中心项目督导、工程负责人、项目经理,采购中心负责人等相关负责;由项目督导进行跟踪;每周五前将跟踪情况,分析节点偏差原因,与项目部共同商定补救措施,并形成进度报告,每周六工程周例会进行汇报。

○ 进度计划动态管理

进度计划调整、关键节点逾期,采取补救措施仍不能满足工期要求,由项目部与业主沟通,重新调整计划,并重新经总部审核。

● 质量管理

质量是项目的生命,也是设计效果完美实现的保障。CCD虽然是设计公司,但对质量的管控可以说一丝不苟,毫不逊色于其针对设计的认真态度。具体做法包括:

○ 前期质量策划

中标后30天内,由项目经理组织项目全体人员参与编制项目前期质量策划,由工程中心组织总师室、采购中心、深化设计组等相关部门,进行策划评审;由公司管理层对项目质量策划进行指导与帮扶;过程中由项目督导抽查项目质量策划执行情况。

○ 质量分级交底

开工前,项目经理组织项目部管理人员及施工班组长召开项目启动会议,传达工期目标,过程质量控制要点等。施工前,对施工工艺和细节处理以及质量要求用PPT形式以现场照片为基准用文字描述方式进行施工交底,严格把控基础放线工作,在施工和下单之前对现场进行复核,避免出现大面积返工现象。

○ 样板引路

为确保装饰效果,关键节点现场做施工样板,经业主、设计、监理确认后方可大面积施工。

○ 供货商选择控制

所有供应商均从公司合格供应商名录选择,挑选信誉好、厂家规模大、价格有竞争力的供应商;选定供应商前系统性地考察评估厂家的产能是否饱和,避免因厂家产能饱和,导致赶货无法保证质量。

○ 材料进场验收把控

材料进场前,项目部组织进行内部验收,主要检查材料的质量证件文件是否齐全有效,核实材料数量是否与样板相同。验收合格后,报请监理、甲方代表进行验收;合格后,方可进行使用。材料采购时,及时与供货商交底,明确质量要求及工期。

○ 过程质量控制点设置

实施过程质量监控,过程中设立质量控制点;关键工序施工完成后或重要试验前,项目部组织施工班组进行验收,并填写相关验收记录。业主/总包/监理有要求时,应在自查合格的基础上请业主/总包/监理验收,验收合格后方可进入下一道工序。

○ 项目部质量巡查

建立项目部内部沟通微信群,项目部质量员每日对施工现场进行质量巡查,发现质量问题,及时以"照片+整改要求+期限"在微信平台要求班组整改;并建立台账登记,整改合格后销项。未进行整改或整改不合格,按相关质量处罚规定进行处罚。

○ 总部质量巡查

每个月公司项目督导对项目部进行质量安全巡查,对项目质量安全管理进行全面检查,检查包括过程管理资料检查和施工现场质量检查。检查时发现的质量问题,及时以"照片＋整改要求＋期限"在微信平台要求项目经理督促整改;并建立台账登记,整改合格后销项。未进行整改或整改不合格,按相关质量处罚规定进行处罚。

○ 完工内检

项目部组织施工班组进行内部完工验收,对其所完成工程的遗留问题及存在的效果、功能等质量问题进行检查;整体工程完工后,由公司总师室、项目督导及设计负责人,对本工程的质量、感观进行验收评估。

2) 成功案例

CCD 公司充分发挥设计主导作用,承担的多个 EPC 项目在保证达成设计效果的同时,降低了项目成本、缩短了建设周期、保证了工程质量,受到业主方的高度认同和业内的广泛好评。其主要工程案例包括:

● 北京三里屯通盈中心洲际酒店项目

北京三里屯通盈中心洲际酒店的设计灵感来自建筑立面上的六角形钻石元素。一颗精美的钻石是经过漫长的加工而成的:矿石被开采、提炼和加工,直到宝石的最终形成。

酒店风格定位在都市"新雅皮"。"雅皮士"这个词是在 20 世纪 80 年代引入的,通常指的是那些受过高等教育的人,住在大城市里,过着富裕的生活,引领潮流,穿着得体,充满干劲,自信,冷静,优雅。因此,我们希望把北京三里屯建成一个"新雅皮士"风格的酒店。

三里屯洲际酒店交给亚泰国际以 EPC 总承包模式完成。亚泰国际以设计及施工的绝对实力征服业主(设计＋施工 2 年),使业主意识到只有以 EPC 模式交给亚泰国际才能完美打造该酒店作品,酒店开业至今好评如潮,证明业主当初的决策是极其英明的。

北京三里屯通盈中心洲际酒店是"中国建筑绿色装饰示范工程",美国、英国、意大利、荷兰、韩国以及中国等各大媒体都报道了该项目。

● 杭州钓鱼台酒店项目

基于对 CCD 设计和 ATG 亚泰工程的高度信任,也迫于工期紧、要求高、难度大的项目特点,业主最终决定将该项目由亚泰国际以 EPC 模式完成(设计＋施工 1 年)。

杭州钓鱼台酒店盛大开业,如期接待了 G20 峰会的各国元首和贵宾,以"中国神,国际范"演绎出"中华礼遇"。G20 之后,它的中国府邸气质和真容逐渐被更多人知晓,被称为杭州钱塘江畔最好的酒店,多家知名国际媒体报道了该酒店。有人说,以 EPC 模式完成项目建设,对业主来说是颠覆性的操作,事实证明,业主的决定是英明的。

● 深圳中洲万豪酒店项目

深圳中洲万豪的设计风格是清雅、简洁,越简洁往往越挑战设计功底及施工水平,工程质量更是一目了然。

此次施工的重点和难点包括:使用材料品种较多,施工工艺复杂,不同材料之间的交接较多,如何确保材料的交接自然、美观并且不产生开裂等质量问题。虽有众多难点,但是为保证工程质量,此次应用了省级工法 3 项、专利技术 11 项,该项目还是中国绿色建筑装饰示范工程(二星级),获得了"LEED 白金标示证书"。

艺术品是中洲万豪酒店项目的一大特色,为了实现这一特色,酒店内的艺术品都是由 CCD 概念创意然后委托全国各地的艺术家们定制而成的。郑忠先生说:"我希望人们在这些艺术品面前停留、欣赏,而不是去关心材料,造价这些问题。未来酒店设计要有家的感觉,舒适、温暖、轻松;并能提供艺术鉴赏的享受;成为当地文化的明信片。"

酒店开业以来,吸引了各界人士前来参观和体验。很多重要的客户专程组团来看中洲万豪,比如华润、平安、招商、华为等,市场反响热烈。

参 考 文 献

［1］李春田. 标准化概论[M]. 北京：中国人民大学出版社,2017.

［2］宋明顺,周立军. 标准化基础[M]. 北京：中国质检出版社,2017.

［3］李福和,杨扬. 工程项目管理标准化[M]. 北京：中国建筑工业出版社,2016.

［4］陈立云,金国华. 跟我们做流程管理[M]. 北京：北京大学出版社,2011.

［5］王玉荣,葛新红. 流程管理[M]. 北京：北京大学出版社,2018.

［6］[英]皇家特许建造学会. 业主开发与建设项目管理实用指南[M]. 北京：中国
    建筑工业出版社,2011.

［7］杨晓林. 房地产开发与管理[M]. 北京：科学出版社,2012.

［8］杨俊杰,王力尚,余时立. EPC 工程总承包项目管理模板及操作实例[M]. 北
    京：中国建筑工业出版社,2018.

［9］何伯森. 工程项目管理的国际惯例[M]. 北京：中国建筑工业出版社,2007.

［10］张汉亚. 投资建设项目决策[M]. 北京：中国计划出版社,2011.

［11］戴玉林. 商业物业的物业服务与经营[M]. 北京：化学工业出版社,2017.